Jürgen Große

Die Philosophen

Jürgen Große

Die Philosophen

Bibliografische Information Der Deutschen Bibliothek
Die Deutsche Bibliothek verzeichnet diese Publikation in der
Deutschen Nationalbibliografie; detaillierte bibliografische Daten
sind im Internet über <http://dnb.ddb.de> abrufbar.

ISBN 10:   3-933722-15-2
ISBN 13: 978-3-933722-15-7

© 2007 omega verlag Siegfried Reusch e. K.
   Cheruskerstraße 9 · D-70435 Stuttgart
   info@omegaverlag.de · www.omegaverlag.de

Gestaltung: s+p mediendesign, Stuttgart
Umschlagzeichnung: Jochen Wahl (Ausschnitt)
Druck: Präzis Druck GmbH, Karlsruhe

Inhalt

I Charaktere

II Porträts

„Es ist eine der großen Freuden
des menschlichen Geistes,
allgemeine Aussagen zu machen."

Montesquieu, *Meine Gedanken*

I

Charaktere

Die Beweislastigen

Wenn man einmal unvermutet auf eine Gesellschaft von Philosophen trifft, dann betäubt die warm wirbelnde Luft der Beweisreden, deren Sendung nur vorläufig verborgen scheint. Sie bleibt es jedoch. Die Betäubung klärt sich zum Gefühl, dass hier eine erkünstelte Hitze das Klima bestimme, es findet seine Erklärung an dem Mangel der Sendung, des Anlasses, der Verpflichtung: In der Philosophen-Gesellschaft denkt man erklärtermaßen nicht, um etwas zu beweisen und alsdann in Ruhe zu lassen; das führt nun aber nicht etwa zum entspannten Geplauder, sondern zur entfesselten, nicht abreißenden Beweisrede. Ein *Denker,* der irgendwas beweisen muss, fühlt immerzu seine Fragwürdigkeit und seine Freiheit in der Bindung ans Bewiesenseinwollende, und man fühlt mit ihm. Überhaupt lässt sich hier etwas fühlen, jeder Millimeter, den das Denken ausholt, um sich von seinem Beweisgrund zu entfernen, erzeugt ein moralisches Ziehen, Drücken und Ächzen; im Mitgefühl für den Redlich-Verzerrten begreift man, dass *nur das Denken* so frei ist, sich missbrauchen zu lassen.

Das Denken, wo freigelassen, ist gewiss räuberisch, es geht auf Beute und lebt für den Verzehr, es lebt aber von der Hand in den Mund, hat jedenfalls in nichts anderem seinen Wert als in seiner Nahrung; ein Denker lebt nicht neben irgendwelchen Gedanken, die sich weder fassen noch fressen lassen, er hat kein Verhältnis zum – vorgesetzten oder vorgefundenen – Leblosen, er hat keine Nebengedanken. *Philosophen* vertrauen darauf, dass sich immerzu Gedanken finden, die sich zubereiten und verzehren lassen, nachdem ihnen das Philosophieren, dieses Würzen alles Vorhandenen, sein Aroma, seine Rechtsgründe – seinen Wert mitgeteilt habe.

Das Philosophieren will seinen eigenen Wert haben, und deshalb vermag es weder Gefühl noch Mitgefühl zu erwecken; die damit Beschäftigten wirken verdächtig. Nichts zwingt sie ja, die Luft des Rechtbehaltenmüssens zu atmen und umzurühren, doch gerade bei ihnen schnauft es von Beweis und Not und Gewicht. Man bringt es nicht fertig, sich von ihnen irgendwohin gezwungen zu fühlen, weshalb ein Kunstgeruch schon am Lehrling, dem *Interessierten*, zu kleben scheint, der ihnen ungezwungen naht mit der bekannten Zwangsmiene.

Die Generalvertreter

Die Epoche ist dem Auftreten von Philosophen so günstig wie kaum eine, denn es wimmelt in ihr von Vertretern. Müsste man ,seine Zeit in den Gedanken' zwingen, wollte man hierzu über Gebühr auf die Sprache lauschen, dann würde sich zeigen: Sein gilt soviel wie Vertretung, Anwesenheit heißt Vertretensein. Ganz selbstverständlich lautet es von Leuten, die (irgendwo) da sind: sie seien dort ,vertreten'. Wozu? Gewöhnlich, um wieder anderes zu vertreten. Man kann statt von Vertretung auch von *Darstellung, Vorstellung, Repräsentation* sprechen, die damit allherrschend geworden ist. Jeder Mensch muss etwas darstellen, kein Staatswesen, keine Kunst, kein Glaubensbekenntnis nimmt ihm das noch ab: Die ganze Person *stehe für sich ein, stehe zur Disposition* – zur Arbeit, zum Verkauf usw. Man begreift oder ahnt, was Philosophen seien, aus dieser epochalen Gestalt der Demütigung des Menschen ... denn es ist demütigend, ein Vertreter sein zu müssen – und es ist philosophentypisch, nicht zu wissen, *wovor* man sich demütigt, *was* man vertreten soll, also zu glauben, dass man eigentlich *alles* vertreten kann.

Weil man nicht sieht, was unter lauter Vertretern *die Philosophen* vertreten, sieht man umso deutlicher die *Geste* der Vertretung. Diese Geste ist allerdings handgreiflich ein Tun, nämlich das Denken. Im Denken ist immer vertreten, was dazu nötigt. Im philosophischen Denken ist diese Nötigung aber nicht recht sichtbar. Es wirkt darum gestisch umso stärker – wie eine Vertretung ohne Vertretenes, wie ein Sichmühen ohne Not. Das macht die Philosophen auffällig unter den anderen Vertretern. Die Besonderheit der philosophischen Repräsentanz in der Welt scheint somit zu sein, dass sie allem Möglichen gelten könnte – die Philosophen bilden mitten in der Welt eine Dependance von man weiß nicht welcher Firma. Wie erfolgt die Ausbildung dieser Vertreter, wie ihre Absonderung zu einer Gruppe, die sich von innen und außen als solche erkennen lässt?

Philosophen entdecken vielfach schon in jungen Jahren, dass sie zu nichts Konkretem, also zu allem Möglichen zu gebrauchen sind; im wissenschaftlich-technisch genormten Zeitalter bekundet sich das meist als Unlust zu ‚einzelwissenschaftlichen' oder ‚praktischen' Fächern. Die Unfähigkeit zu allen anderen Studien außer dem einen bildet die Beglaubigung des philosophischen Talents; beglaubigen wiederum können einem das nur Philosophen, die tatsächlich alles andere als das Ihre studierten. Es gibt kein Fach, worin Philosophen nicht absichtlich gescheitert wären, bloß um ihre Berufung zur Philosophie zu beweisen. Jeder Philosoph, der auf sich hält, wird die Erinnerung an ein solches Scheitern pflegen, das sein Denken freiließ zum Vertretungsdienst. Wo nicht in Diensten einer Sache, wird es mit sich selbst befasst sein, mit seiner Freiheit eben, zu jeder Sache.

Ein derart auf seine Freiheit bedachtes Denken erleichtert die Gruppenbildung der damit Befassten, nach innen wie nach außen: Ihre Umwelt hat an den Philosophen welche, die, da sie immer schon und alles Mögliche denken, jederzeit zur Stelle und zu Diensten sein können. Neben anderen Vertretern, auch anderen Denkern von diesem und jenem, kann und muss ein Philosoph vertreten sein – er steht für die Freiheit der denkenden Zuwendung, in doppelter Hinsicht: So wie er selbst frei scheint, weil er frei von jeder Not zu denken vermag, so stellt es ein Bewusstsein von Freiheit dar, sich einem Philosophen *zuzuwenden* mit dieser oder jener Frage. Nur solche Denker kann man ja *hören wollen*, die zu allem und jeglichem, also auch unabhängig davon schon dachten, Philosophen eben. Dem entspricht, auf der Philosophenseite, die Fraglosigkeit des Denkens, die Selbstverständlichkeit der Geste – die Eilfertigkeit, ja Beflissenheit, mit der philosophisches Denken jedem möglichen Anlass zuvorzukommen sucht. Niemand wirkt unter Philosophen so absonderlich wie der *Nach*denkliche, der seinen Anlässen hinterherhinkt, der aber auch eine unprofessionelle Verwundbarkeit durch jeglichen Anlass beweist. Nachdenklichkeit findet sich niemals in der philosophischen Gemütsbewegung, höchstens an ihrem Anfang und ihrem Ende: In der Nahrungskette des philosophischen Denkens ist der Nachdenkliche zunächst einer, der aus seinen Ursprüngen, seinem Altertum den Philosophen von Berufung den Stoff liefert, der zu verteilen ist, dann aber auch wieder derjenige, der ihnen jugendlich vertrauensvoll naht, um diesen Stoff aus ihrer Hand zu fressen. Zum philosophischen *Vertreten* gehört das *Verteilen*, im Weiteren das *Verkaufen*, jedoch von Gütern, die, wenn verkauft, nirgendwo fehlen werden; dem Handel des Gedankens ging also keine Eroberung voraus. Philosophentypisch ist vielmehr ein Ehrgeiz der Nichtberührung von Käufer wie Verkauftem, eine Übergabe, ,Vermittlung', worin der

Händler sich fast überflüssig macht. Im Grund wechselt auch gar nichts den Besitzer, es bleibt alles, wie es ist. Jedes andere Vertretertum in der Welt kulminiert und verschwindet im Verkauf, die Sache kommt ans Licht und wechselt den Besitzer, sie ist nicht mehr zu vertreten, der Vertreter macht sich erleichtert und bereichert davon. Anders die Sache der Philosophen, deren Gestik darum einem endlosen, glücklich-unerfüllten, eventuell aber irregeleiteten Verkaufenwollen ähnlichsieht. Wenn Ungeheuerlichkeiten wie Gott, Welt, Mensch, um von geringeren Sachen zu schweigen, ausgepreist und angepriesen wurden, dann doch nicht, um an ihrem einmaligen Verkauf einen Gewinn zu haben, der gegenüber ihrer ständigen Vertretung nur lächerlich erscheinen könnte. Somit läuft die philosophische Beflissenheit eigentlich weniger auf einen *Verkaufs-* als vielmehr einen *Verwaltungs*akt hinaus; die Philosophen machen sich erbötig, für Überlebensgroßes, Unabsehbares, Ungeheuerliches einzustehen, es – gegen geringe Unkosten – zu unterhalten, zu pflegen, zu fördern und eventuell zu kultivieren, in blicklustigen Weltaltern auch, es – für symbolisches Entree – einmal sehen zu lassen. Als *Verwaltung* eines Ungeheuren steht die philosophische *Vertretung* aber in einer *Verantwortung*, zu der die Philosophen, man weiß nicht wie, gekommen sind und deren Ausmaß wiederum alle weltbekannten Verantwortlichkeiten übertrifft – die alles übertrifft, was sich vertreten lässt. Das hat viel Ärger erregt in der Welt.

Die Verantwortungsfrohen

An der philosophischen Geste ärgert, wie sie Verantwortlichkeit markiert. Es ist, als wiese jemand über die Schulter hinweg auf etwas, das seiner bedürfe. Aber nichts bedarf der Philosophen. Nicht, dass sie für nichts verantwortlich sind, ist das Ärgerliche, sondern wie sie sich vor ihrer Verantwortungslosigkeit drücken. Diese ist größer, als ein Mensch sein kann, sie ist unabsehbar, ungeheuer. Wenn dieses Ungeheure, neuzeitgemäß, die Gestalt des Unabwendbaren angenommen hat, wenn es mehr dem *Lauf der Dinge* als der *Macht des Abgrunds* gleicht, dann muss sich das philosophische Gestikulieren zu einer spezifischen Unruhe steigern. Wer dem beschwingt, ja beschleunigt arbeitenden Wirklichen dienen will oder seinen Vertretungen (dem Leben, der Menschheit, dem Fortschritt, der Zukunft usw.), muss zum Zappler, zum Nervösen werden; nichts fasst er und alles berührt ihn, das ist seine Art von Gewissenhaftigkeit. Was in einer solchen Epoche völlig verschwindet, ist der denkende Begleiter seiner Welt, der gedankenvolle *Mitläufer*, ein Wesen mit Vertretergebaren, das aber mit seiner Sache, seiner Macht noch gleichzeitig war. Stahl sich aus einer Zeit die Macht erst einmal davon mit ihren Fortschritten, wird Vertretung unmöglich, man muss zum Nachläufer werden, der den Vorläufer mimt. Die Dinge geschehen so zahlreich und geschwind, dass sie sich kaum begreifen, höchstens hinnehmen, bestenfalls verantworten lassen. Mit kritischem Vorbehalt natürlich. Jedem Vorbehalt, unter dem ein Philosoph sein ‚Genehmigt!' erteilt, sieht man nun die Sache an, der er es nachschleuderte – genauer: den verglühenden Schweif der Sache.

Philosophisches Denken zeichnet sich dann dadurch aus, dass es sich prinzipiell dem Unverantwortbaren zuwendet. Dessen Vertretung ist das *Engagement*. Alle Welt wird froh sein, wo ein Philosoph Verantwortung übernimmt, denn was sich nicht mehr verantworten lässt, das verträgt ein Engagement. Der Philosoph ist nicht verantwortlich, er engagiert sich. Mit ihm lässt sich jede Weltgegend ordnen wie alles Mögliche in die Welt setzen. Das Engagement ist Tun und Denken im Angesicht des Ungeheuerlichen, Unverantwortbaren. Die altbekannte Unverantwortbarkeit jeder x-beliebigen philosophischen Behauptung bezeugt jetzt ihre hohe Abkunft: Das Ungeheure, welches der Philosoph von Berufung vertritt, hat nicht nötig, dass man für es Gründe finde und Partei ergreife.

Angesichts des Übermächtigen bleiben zwei Haltungen: Lächerlichkeit oder Erbärmlichkeit, vergeblicher Widerstand oder entbehrliche Verklärung. Doch genügt es in der Regel, dass ein Unheil unvermeidlich wirkt, damit sich der Philosoph findet, der es – unter strengen Reinheitsanforderungen natürlich – genehmigt.

Die Denkerdarsteller

Jeder Beruf verrät ein Tun, ein Können des Menschen. Der Philosoph von Berufung muss das Denken verraten. Als menschliches Verhalten ist Denken unfreiwillig, ist Antwort auf ein – unbedacht – Übermächtiges. Die Eingesenktheit des Denkens ins Dasein, seine Selbstverständlichkeit als Lebensregung sind somit das Gegenteil von Routine. Das Denken kann einen Menschen sogar auffällig machen: jemand wirkt nachdenklich, er hat schon zu viele Gedanken gesehen. Im Philosophieren schwindet diese Nachdenklichkeit, weil es von der Erfahrung des Denkens wie des Lebens absehen muss. Die einschlägige Unerstauntheit der Philosophen, ihr schnelles Urteil, ihre Beflissenheit und Bereitschaft zu Generalsentenz wie Spezial-Ismen und deren Verlautbarung – all dies erweist sie als professionelle Darsteller des Denkens. Was machte sie dazu? Die Abgelöstheit des Denkens, die es aus einer Sache von Erfahrung zu einer Sache von Entschlossenheit zum Gedanken wendet, jedenfalls noch nicht. Die Verselbstständigung, Exzessivität des Denkens, aus forciertem Vergessen dessen, was einem nottut, ist noch nicht philosophenspezifisch, das hat noch etwas – freilich ungesund überdeutlich – Unschuldiges: Selbst in Universitäten trifft man jene liebenswürdigen Tölpel offenen Mundes und Hosenstalls, die es mit dem Denken so genau nehmen, dass sie zu allem anderen unfähig werden, allem vorweg zu einer Philosophen-Karriere. Ein Übermaß an geistiger Erregbarkeit macht unfähig zum Philosophieren beziehungsweise zu jener Sammeltätigkeit, die sich im

Schriftenverzeichnis krönt. Das mögen Fachleute werden, sobald sie sich auf eine Not besinnen oder sich eine zulegen, das heißt zuverlässige Denker, weil ihr Ehrgeiz nicht im Gedachten liegt, sondern in Arbeit, Familie, Vaterland und dergleichen Unvordenklichem. Spezifisch philosophisch ist nicht schon das losgelassene oder das verfachlichte Denken, sondern erst die Darstellung seines Anlasses. Philosophsein bedeutet Imitation eines Staunens, Grauens oder ähnlicher Denkanlässe. Ein Denker von Profession ist Herr seiner Gedanken und seines Staunens, weil er es vom Anlass lösen konnte, Philosophieren ist routiniertes Erschrecken, gelangweiltes Grauen, anlassloses Erstauntsein, praktisch also: ungerührtes Anlassverschaffen. Zum Beruf taugt diese Freiheit vom ursprünglichen Staunen, das sich seine Anlässe ja nicht aussuchen konnte, nur durch kollektive Verabredung über einen Generalanlass, eine Vorab-Erstaunlichkeit. Darum erscheint die Berufung auf den Uranlass des Staunens, die *Geburt* des Logos, die Beschwörung der Sonderbarkeit der philosophischen Denk- und Anlassfreiheit unweigerlich professionell. Die Fähigkeit, frei von seinen Gründen, das heißt Gedanken, Erfahrungen, Besorgtheiten, einen Anlass aufzurufen, das Staunen *anzurufen*, unterscheidet den Philosophen von Profession vom Fachmann fürs Denken. Dieser ist zum Beispiel niemals feierlich, wie die Philosophen jederzeit werden können und müssen. Sie können es, da ihnen nichts Ungeheuerliches zustoßen wird, sie haben ja aus der Ungeheuerlichkeit selbst einen Gedanken gemacht – in der Welt zu sein, Mensch zu sein, Geist zu sein usw. Noch jedes Ungeheuerliche, ja jedes Ungeheuer, das ihnen über den Weg lief, konnten sie so als Haustier halten. Der Zusammenhang von Ungeheurem, Überwältigendem, Unabweisbarem einerseits, Denken-müssen andererseits dringt nicht in ihr Denken, er steht ihnen klar vor Augen, sie stellen ihn dar.

Die Unbedenklichen

Was den Unbefangenen am meisten vom Philosophieren und von den Philosophen abschreckt, ist, wie hier dem Denken dadurch geholfen werden soll, dass es sich nicht mehr in eigenen Nöten bewegt, dass es Ergebnisse bringen, dass es – Philosophie werden soll. Und wie lockt der Philosoph die lautere, die frei denkende Seele? Mit Verweisen auf Geschichte, mit dem Aufweis, dass dieser oder jener freie Gedanke auch ein vergangener und dadurch großer oder elementarer Gedanke sei, dass er nicht dem Denken angehöre, sondern der Philosophie.

Das Wesentliche des Denkens, die Bezüglichkeit auf ein Geistloses, Undenkbares oder anderweitig Ärgerliches, ist bei den Philosophen nicht sichtbar. Darum ist ihre Erscheinung selbst ärgerlich. Man sieht zum Beispiel verkümmerte Gestalten, verkrümmt in sich, ganz bei sich selbst, oder man sieht gepflegte Gewächse, ununterscheidbar von der gedankenlosen Welt, die sie düngt, ganz bei deren Sache: Philosophentypisch sind die *Extreme* der Bequemlichkeit, der Vereinfachung und des Behagens. Was dazwischen liegt, sind *historische* Figuren, zu denen die Philosophen gern ‚hinführen': die Denker, Leute eben, die *einen* Ausfall gegen Unausdenkliches wagten, sich darin, im Jargon gesagt, ‚verwirklichten' und sich so für immer unmöglich machten bei den Philosophen.

Kein Mensch auch glaubt den Philosophen, die weismachen wollen, sie seien etwas, weil sie abgefallen seien von etwas; kühne Verräter, produktiv im Unerlaubten. Gegen diese Kühnheit spricht ihr ängstlicher Fleiß. Das

Denken vermag es schon eher, sich faul zu zeigen, indem es Faules, aber darum auch Gereiftes fallen lässt, ein Denker ist gewohnt, einen Abfall dulden und von Abfällen leben zu müssen. Denken ist spätes und spärliches Urteil über Bekömmlichkeit des Seins, ist Hochform der Verdauungskultur, guter Geschmack aus dem Mangel. Philosoph sein: über möglichst viele, Denker sein: über möglichst wenige Dinge eine Meinung haben. Was Philosophen nährt, sind die Probleme. Sie entstehen, wo nichts zu bedenken ist – wo jedes an sich selbst denkt. Hiervor findet das Denken zum Mitleid, das geizig wird vorm Selbstmitleid.

Das philosophische Sprechen ist das ungefragte, unaufgeforderte und darum allen Anforderungen genügende Sprechen. Philosophsein heißt, im Überreichtum der Antworten zu schwimmen, weil hier keine bestimmte Frage heraus- oder herunterzieht. Jeder Mensch kann dann und wann philosophisch reden, wenn er ohne Anlass vor sich hin spricht, Sachen sagt, die niemand fragte, wenn er sich vom Denken und seinen Anlässen Urlaub gab, wenn er sich durch nichts in Frage gestellt fand. Die Philosophen haben aus diesem nachlässigen, gedankenlosen, poesiereichen Sprechen eine professionelle Erregung gemacht, der das denkerische Gegenhalten auf die unvorhersehbare Frage hin ebenso abgeht wie das poetische Mümmeln inmitten alltäglicher Fraglosigkeit, sie haben sich von allen Fragen frei gemacht. Die Philosophen reden und atmen im Unbedenklichen.

Die Unglücksverräter

Wer sich nicht nur nachsagen lassen will, er habe dann und wann recht philosophisch gesprochen, sondern wer von sich sagen will, er spreche als Philosoph, der muss zu regelmäßigem Verrat bereit sein. Er muss bereit sein, eine Situation zum Beruf zu ernennen oder doch wenigstens zum Ruf – nach seinesgleichen. Das ist zunächst nichts menschlich Ungewöhnliches, ein regelmäßiger Tagesablauf, ein geordneter Lebenslauf schon machen aus Einzelgängern *Spezialisten*, die es zu ihresgleichen drängt. In einer gewissen, durch Speise, Schlaf, Stunde bedingten Lage beginnt der Mensch seine Gedanken so hoch zu schätzen wie sich selbst; zum Philosophen wird er, wenn er diese Lage festhält. Was nun verrät er dadurch? Neben dem *Grauen* und dem *Staunen* vor allem das menschliche *Unglück*. Philosoph sein heißt, sein Grauen zu pflegen, sein Staunen zu kitzeln bis zum Erbrechen, das Unglück aber zu verleugnen und gerade darin als Wachstumsquell nutzbar zu machen. Denn da, nach philosophischer Einsicht, das höchste und unerschöpfliche Gut jenes ist, dem alles dienen muss, was selbst aber zu gar nichts dient, findet man diesen Platz höchst angemessen vom *Unglück* besetzt. Von ihm zu reden, als wär's zu begreifen, garantiert den Fortschritt, die endlose Dauer der philosophischen Rede: Der Philosoph bietet das Bild eines Verräters, der vorankam dadurch, dass er immer wieder dasselbe verraten konnte. Ein seltenes Bild, nicht von Philosophen, aber von Verrätern.

Was das Unglück und die Philosophie so dicht zusammenrückt, ist der Ruf des Lächerlichen, der ihnen vorangeht, wohlgemerkt: dem unleugbaren Unglück, dem unvermeidlichen Philosophentum; Exponiertheiten, ja Entblößungen, die man zum Teufel wünscht. So wäre die passende Kleidung des Unglücks und der Philosophen eigentlich die Scham, wenigstens etwas Verschämtheit. Man soll sich nun durch die philosophische Bescheidungsrede, die allzu beflissen mit Feigenblättern des Wasweißichschon wedelt, nicht irremachen lassen, die Philosophen wählen überwiegend den anderen Weg, den zur öffentlichen Ausstellung ihres Unglücks nämlich. Derart unprivat darf es sein, weil es, selbstgenügsam wie es ist und unbedürftig seiner Träger, dem Schicksal, dem Verhängnis, dem Unabwendbaren, kurz: *der Macht* allzu ähnlich sieht. So verraten die Philosophen ihr Unglück doppelt: indem sie sich darin, wie es ihnen arglos über den Weg läuft, planvoll-kaltblütig verbeißen und zum dauernden Besitz erklären, es dann jedoch an langer Leine laufen lassen, dass es zum Anonymus des Ungeheuren sich blähe. Wer könnte davon besser reden als sie, die Fachleute fürs Unverantwortbare (siehe Teil II: *Der Unschuldskain*)?

Am weitesten entfernt ist die philosophische Verwaltung des Unglücks vom *Denken*. Denkenmüssen bedeutet, dass man weder im Glück ist noch zu ihm unterwegs; die Sache des Denkens *ist* das Unglück. Der philosophische Verrat am Denken besteht in der Verfehlung des Unglücks. Im Angesicht des Unglücks ist das Denken rein bei seiner Sache, das Denken ergibt sich im aktuellen

Unglück, das einen Menschen betrifft zu einer Zeit, die nicht vom Menschen gemacht ist. Weil das Unglück selbst bestimmt, was und wie es gegenwärtig sei, verbietet sich die Kontemplation (die Nachsicht in gemütlicher Langeweile) oder die Vorsicht (der ängstlich präventive Eifer), diese Grundmuster des Philosophierens. Im Unglück kann das Denken seiner Sache nicht ausweichen; wo es ausweichen kann, bleibt es bloße Sache der Philosophen. Auch in der Erinnerung oder dem träumerischen Nachdenken oder dem gehaltvollen *Traum*, auch in der rücksichtsfreien *Liebe*, auch in der mühseligen *Arbeit* ist der Mensch ganz bei der Sache, sein Denken geht da aber auf Gewinn – auf süße Trauer, Lust, Reichtum –, es ist nicht unnütz. Unnütz ist das sachgemäße Denken, das Denken im Unglück, es ist so unnütz wie das Unglück nutzlos. Die Nutzlosigkeit des Unglücks, die der Fachmann ‚erhaben' nennen könnte, bestimmt die Gegenwärtigkeit des Unglücks und seines Erwählten, des Denkens: dieses kommt und geht mit dem Unglück. Man kann von ihm nichts lernen, die Zerrüttung auf den Gesichtern der Denker ist nichts, was sich weitergeben ließe, das gedachte Unglück, das Unglück des Denkens schafft keine philosophia perennis, man kann nicht leben von ihm.

Im Unglück kommt nicht die Frage auf nach größeren oder kleineren Unglücklichen, sowenig wie das Problem, ob seine Gegenwart mehr oder weniger zu denken gebe. Man hat keine Gelegenheit, im Unglück originell zu sein, das Unglück bringt es also weder zu Größe noch zu Geschichte, wie die Philosophen. Diese kennen kein Unglück und *beschäftigen* sich mit dem Denken, *lieben* die

Weisheit, *fragen*, was Wahrheit sei – und nicht, was Sache ist. In der Beschäftigung mit dem Denken erreichen die Philosophen eine Stetigkeit, die dem sachgemäßen, an seinen Sachen verunglückenden Denken fremd ist. Das stete Redenkönnen vom Denken in der philosophischen Glücklosigkeit betreffs des Unglücks bringt jeden Philosophen in die Nähe von Nutzen und Arbeit. Hier beginnt der Verrat der Philosophen, denn nun sind Entscheidungen übers Denken verlangt, die nicht sachgemäß sein können. Die philosophische Unfähigkeit zum Unglücklichsein stellt das Denken in die Verfügung der Philosophen, die es zur nutzlosen Arbeit oder zur Arbeit an fremdem Nutzen erklären müssen. Altertümliche Philosophen erwarteten, dass andere für sie arbeiten – dass das Nützliche getan werde, damit sorglose (unnütze) Gedanken sich breitmachen könnten, neuzeitliche wollen für andere arbeiten mit nützlichen Gedanken. Den sorglosen Gedanken der Alten steht so die gedankenlose Sorge gegenüber, denn die Neueren sorgen sich ja – fast aufdringlich – um die Gedankenlosen, denen sie das Resultat ihrer Arbeit zudenken. Die Gedankenlosigkeit der Philosophen erweist sich in dieser Prätention einer Nutzlosigkeit beziehungsweise Eigennützigkeit oder Nützlichkeit des Philosophierens. Das heißt, Gedanken haben die Philosophen ja, nur sind es nicht die eigenen, sondern einer fremden Sache zugehörige; ihre eigenen Gedanken können sie sich zwar machen, aber diese bleiben dem Denken, auf das sie sich berufen und von dessen Ruf sie zehren, äußerlich und fremd.

Was in sich selbst ein Glück sein soll oder für fremdes Glück arbeiten will, wird niemals verunglücken und kann kein sachgemäßes Denken sein. Muss es aber auch dessen Verrat heißen? Ob sich das Denken verraten beziehungsweise ein fremdes Unglück ausplaudern lässt, ist als Sachlage unstrittig und nur mehr Rechtsfrage; für solche Fragen im Übergang vom Unglück zum Geplauder und vom Denken zur Philosophie sind aber weder Denker noch Philosophen recht zuständig, das sind Fragen für Moralisten und Historiker.

Die Gedankenmacher

Verstörend der Verdacht, jemand sei unterwegs gewesen, auf dass sich dabei ein Denken einstelle – habe Spaziergänge missbraucht, um auf Gedanken zu kommen! Doch den Philosophen ist ein Spaziergang gerade gut genug, sich den Kopf zu füllen. Ihre Beflissenheit und ihre Qual, aus meist abgeholzter Seinsursprünglichkeit, aus kahlem Seelenforst ein paar Bretter zu gewinnen, ein Möbelstück zu zimmern, dem man diese Arbeit aber auch ansehen solle – dem man ansehen solle die Arbeit, den Naturduft und die Herbheit zu bewahren im Gedanken –, verrät etwas von ihren ältesten Ängsten. Wie denn auch Philosoph sein und keine *eigenen Gedanken* haben! Dabei scheuen sie nicht einmal die Nähe zum Hohlkopf, der tief und arglos an ein Eigentum an seinen Allgemeinheiten glaubt. Denn wie spricht so ein Leer-Meister? „Eigene Gedanken muss man haben. Solche wie meine."

Sicherlich haben die Gedankenmacher ihre Erfahrungen mit ,fremden Gedanken' – manche Gedanken entehren einen Kopf ja allein dadurch, dass er sie sich zu eigen machen will. Doch gibt es Gedanken, die nur der Sprache eigen sind, und jene anderen, die sich die Philosophen machen. Der philosophische Gedankenmacher nennt sie *Ideen*. Als Ausgeburten seiner Angst und seiner Unfruchtbarkeit gewähren sie ihm das Optimum mitmenschlicher Begegnung. Denn wehe dem Philosophen, der nicht seine zwei, drei Gedanken hat, die er *Ideen* nennen und vor Zeugen entwickeln kann! So ein Arbeiter am Gedanken wird eine ganze *Sprache* lernen müssen, eine ganze Wissenschaft, um mit ihr alle seine Gedanken zu entwickeln – zu deren Entzücken gewiss und zum Entsetzen seiner Zuhörer ... Doch bilden die *Ideen* der Gedankenmacher auch die Gewähr für ein höchst philosophisches Gerangel: Etwas eine Idee nennen, heißt gewöhnlich nicht ertragen können, dass es der Gedanke eines anderen ist. Das philosophische Angst-und-Urerlebnis ist die Gedankenlosigkeit. Sie steht am Anfang des Weges, der zur Idee führt. Daher die merkwürdige Sterilität der philosophischen Leidenschaft: Der Gedankenlose denkt aus Prinzip, er liebt alle Gedanken wie die Kinderlose alle Kinder. Je unfruchtbarer diese Liebe, desto aufdringlicher die Rede von eigenen, von selbstgemachten Gedanken. Ein Schlussbild der Ideengeschichte vielleicht: Der ungeheure Druck oder das allgemeine Interesse oder die Gleichgültigkeit oder die Missachtung, die endlich auf den Philosophen lasten, haben jeden von ihnen mit Gedanken versehen; es ist kaum möglich, einen Philosophen zu treffen, der nicht seine zwei, drei Gedanken hätte und, wo man ihm etwas Gehör schenkte, *sich* diese Gedanken vor einem *zu machen* anfinge ...

Die Geistesarbeiter

Wer einmal die körperliche Arbeit kennengelernt hat – was nicht dasselbe ist wie: mit ihr aufwuchs –, der tut alles, um sie künftighin zu vermeiden. Die Zerrüttung aller Kräfte durch Lohnarbeit – denn nichts anderes ist eine Arbeit, zu der man sich *körperlich* herbeifinden muss – macht ausgiebig vertraut mit einer Vielfalt von Zerstörungen. Der Wunsch, diese zu vermeiden, ist das einzig authentische Motiv der sogenannten geistigen Arbeit. Sie darf vor allem nicht in irgendetwas der körperlichen ähneln. Wie schneidet hier die Arbeit der Philosophen ab? Man könnte ihre Entferntheit von den Kränkungen der Körperarbeit, durch Momente von *Rausch und Zeitenthobenheit*, wie sie der Bewegungs- und Sauerstoffmangel fast notwendig mit sich bringt, geltend machen. All dies bietet die Welt der physischen Arbeit aber stärker und unerbittlicher, man denke an das Delirium der Monotonie an Maschinen. Das *Selbstdenken* gilt als starkes Beweismittel für die Unverwechselbarkeit der philosophischen Arbeitsexistenz. Doch wann einer wirklich selbst denke, ist bereits unter Philosophen umstritten. Eigene Gedanken überdies machen sich – nicht anders als eigene Ekzeme, Gerinnsel, Verstopfungen usw. – zunächst als Schwächung der körpereigenen Kräfte bemerkbar. Die letzte Berufung des Philosophen gilt seinem *Ausgeliefertsein an Gewalten*, die eine verfolgbare Schwächung und Demütigung der Physis ausschließen – weil ihr Erscheinen von Gesetzen reguliert wird, die quer zu aller menschlichen Arbeit und Ausbeutung stehen. Wie könnte man da aber ‚als Philosoph arbeiten'?

Nicht Unfähigkeit, sondern Unwilligkeit zu anderen Tätigkeiten, zum Arbeiten überhaupt ist demnach das einzige Motiv des Philosophierens, das lauter genannt werden darf; eine Lauterkeit, die bisweilen bis in ,die Arbeit' hineinreicht. Umgekehrt muss, wo die Arbeit immer noch das gute Gewissen auf ihrer Seite hat, das von ihr erhaltene Leben möglichst zart, ja schamhaft vom ,Geist' behandelt werden. Es darf ihm weder Autorität noch Schutzbefohlenes sein! Mancher Gewissenhafte kann deshalb nur nachts räsonieren (,geistig arbeiten'), wenn da niemand ist, der es ihm erlaubt oder abgefordert hat. Der Geist und sein Arbeiter können nur von etwas leben, das nicht Geist sein darf, aber der Geistesarbeiter, schamhaft und stolz zugleich, denkt nicht daran, er denkt nur an dieses unglückliche *Verhältnis* zu Nicht-Geistigem. Der ,Geistesarbeiter' kann sich schwerlich damit beruhigen, dass er Geist sei und als solcher seine Stelle habe in irgendeinem Großenganzen. Wer wirklich von sich glaubte, Geist zu haben, der würde ihn so schamhaft bedecken wie sein Geschlecht! Solche Versuche, die angeborene Scham des Geistes abzustreifen, misslingen regelmäßig, erfahrene Geister meiden alle Verwechselbarkeit mit einem ,Selbstbewusstsein', einer Würde, die von sich weiß und dann und wann auf Jagd geht oder sich in Dienst nehmen lässt. Würde beweist der Geist nur im Übergriff auf Fremdes, nicht in der Selbstbehauptung. Gibt es Käglicheres als einen Intellekt, der sich dem Selbstbewusstsein verdankt, ja, der Selbsterhaltung rühmt?

Die Schamhaftigkeit ist allem Geistigen so natürlich, dass es nicht nur sich von der Unverschämtheit leicht fernhalten wird, sondern auch kaum zu einer gewissen Verschämtheit je hinabsteigen muss. Verschämtheit und Unverschämtheit sind die grundsätzlichen Gefährdungen des ‚Geistesarbeiters‘. *Verschämtheit*: Der Geist will nur Weg, Funktion, Mittel sein, eine Arbeit im arbeitsteiligen Ganzen, er muss hierzu ein Bewusstsein von Brauchbarkeit ausbilden, das die Schamlosigkeit selbst ist. *Unverschämtheit*: so lautet der Name für ein – historisch ja längst verblichenes – Geistesleben aus materiellen Überflüssen, das auf sich aufmerksam wurde und von sich reden macht; der Geist als Ziel, als gerechtfertigter Luxus. Doch diese Schamlosigkeit, wo sprechend – eben: ‚philosophisch‘, bedächtig-besinnlich stehend und gehend – geworden, ist schon von Verschämtheit angefault, sie will nicht Arbeit sein, sondern eben nur dies: Dasein, geistsprudelndes; sie beglückt die – körperlich – Arbeitenden mit sich selbst als unerreichbarer Möglichkeit, leuchtender Unmöglichkeit. In beiden Absichten auf Geistigkeit ist übersehen, dass Geist etwas *verarbeiten* muss, dem Verarbeiteten also nicht dienen (I) noch sich auf ihm stabil errichten kann (II). Geist ist an Leben, Natur, Geschichte, Sein, Geschick der Parasit, ein ungeladener Gast, ‚je schon‘ miternährt, eine brillante Beule, die sich auswächst. So ein Geschwür taugt weder zum fremden Nutzen noch zur Selbstbeglückung. Deswegen ist aber ‚Arbeit des Geistes‘ nicht schon unmöglich: Der Geist hat immer dann gearbeitet, wenn er sich seiner Autonomie *schämte* (I) beziehungsweise seiner *Autonomie* schämte (II). Diese Scham ist sein Leben, eine endlose paradoxenreiche Selbstzerfleischung. Geist sein heißt, prinzipiell von fremdem Fleische zu leben, auch wo es einem angewachsen scheint; seine Würde gewinnt der Geist dort, wo er sich aus Scham über der Tatsache zerfleischt, dass er von fremdem Fleische lebt. Und wieder gilt auch das Umgekehrte: Nur dort ist Geist, wo er von etwas zehrt, das ihn nicht bemerkt. Wie konnte man je einen Geistesarbeiter bemerken?

Der philosophische Verrat am Geist besteht nicht darin, diesen zu Geld zu machen. Die Wesensverwandtschaft von Geist und Geld ist so groß, dass sie kaum durch irgendeine Realvermischung gesteigert werden könnte. Der Philosoph verrät den Geist vielmehr dadurch, dass er ihn aufs Eigene zu stellen sucht, also von allem Wirklichen, Denkbaren, Widerwärtigen hinweg in die geschlossenen Umläufe des Philosophierens zwingen will. Geist und Geld bewegen sich auf den Kredit von Wirklichkeiten hin, in denen sie nicht vorgesehen sind, als Symbolsysteme müssen sie das schlechte Gewissen realer Teilhabe aufweisen: Geist zehrt am Fleische, Geld kann vom Golde, muss aber jedenfalls selbst von irgendeinem Material und also auch Materialwert sein. Erst wenn Geld nicht länger auf Nicht-Geld bezogen, also keine Währung mehr ist, gewinnt es Eigenwert. So auch erhofft für den Geist, der nicht mehr an irgendeinem Leben, Sein, Fleisch schmatzen soll. Die Philosophen weisen das Geistige ins Sammelfach, der Umgang mit dem Geist, der selbst nichts mehr frisst noch sieht, ist die Überschau, die Klassifikation. Der Geist ist hier weniger als arm, er ist nicht mehr vermögend – er ist etwas, weil er tot ist, er bleibt als toter, was er ist. Auf den Unveränderlichen lässt sich ein Leben bauen, ein Philosophenleben. Darum wirkt Geistreichtum bei Philosophen so oft makaber. Es ist ungehörig, den toten Denkern noch etwas abzuverlangen – was der Philosoph tut, wenn er den einen neben den anderen hält, wenn er vergleicht, abwägt, hochrechnet usw. Vollends das Philosophieren selbst, ob vergütet oder nicht, steht quer zur Bewegung des Geistes, der ausdrücklicher Angriff auf ein Ungeistiges und unausdrückliche Aggression gegen sich selbst ist. Diese Angriffe haben nicht nötig, untereinander einen Zusammenhang, eine ‚Kontinuität' von Entwicklung, Fortschritt, Tradition, Lehrgestühl zu bilden; sie werden ständig von neuem durch etwas dem Geist Widerwärtiges erregt, das ihn auch sich selbst zuwider werden lässt. Er spürt ja: Er ist das, was nicht vorgesehen ist im All breitbeiniger Positivitäten, wie könnte er da, sich zu behaupten gegen sie, es ihnen gleichtun, positiv werden, philosophisch gestikulieren, von sich selbst leben wollen? Der philosophische Ungeist dagegen bekundet sich am prächtigsten in dem Stolz, nicht mehr leibhaftiger Geistlosigkeit, Widergeistigkeit, Widerwärtigkeiten zu bedürfen als Anlass, in dem Stolz also, sich im eigenen Zusammenhang zu bewegen – alle Welt seinesgleichen, seinesgleichen alle Zeit schon.

Selbst wenn einen Menschen sonst nichts ärgern sollte in der Welt, verriete er eine gewisse Geistbegabung aus dem Ärger am Anblick der Philosophen. Fast alle, die ihrer Wut hier Luft machten und Worte gaben, erwähnen die feiste Selbstverständlichkeit, worin das Philosophieren, ein angeblich allem abgewandter und gerade dadurch erst zu sich gekommener Geist, agiert; das Wohlgefallen, ein Gefallen wer weiß woran, die oft winzige und doch wesentliche Selbstgefälligkeit, womit dieses Tun sich zulächelt.

Die Lieblosen

Neben dem Unwillen zu einer spezialisierten *Tätigkeit* (siehe auch: *Die Generalvertreter*) gehört die Unlust an einer spezielleren *Leidenschaft* zu den ernsthaften, zumindest vorzeigbaren Motiven der philosophischen Beschäftigung: Man weiß, oftmals schon im zarten Alter, dass einen die *Liebe* langweilen wird, so wie einen die *Lohnarbeit* immer schon anödete. Man weiß, dass man nichts tun will und keine Freude haben wird im Leben, so wählt man ein Tun zum Ersatz, das sich selbst Eros nennt, philosophischer nämlich, ausgeübte Denkleidenschaft.

Die Liebesfaulheit hat bei Philosophen ihren seelenbiografischen als auch geistesgeschichtlichen Platz. Philosophsein ist universelles Vertretertum, das gilt neuzeitlich wie altertümlich, ist darum aber auch Unlust am eigenen Repräsentiertwerden. Das alles muss der Liebeslust in die Quere kommen, die Anforderungen eines Philosophen wären hier in jedem Fall unvorstellbar hoch, fast unerfüllbar. Erfüllte, beglückende Leidenschaft ist ja, dass jemand ein angenehmes Bild von uns hat und uns dies wissen lässt, dass wir uns also angemessen repräsentiert finden – sofern wir uns darauf einlassen: Wir haben dann erlaubt, dass diese oder jener sich ein Bild von uns machte, finden uns glücklichenfalls aufs Angenehmste überrascht, laufen vor Glück rund und heiß mit allen nachfolgenden Verrichtungen. Die *philosophentypische Kälte* erklärt sich aus eben dieser Sachlage. Für professionelle Vertreter, Repräsentanten von allem und jedem, von Gott – Mensch – Welt usw., ist es nämlich äußerst schwierig, diese oder jene liebenswürdige Person darzustellen, zu der jemand sein beglückendes Ja sagen möge. Das philosophentypisch angezielte Du ist zu groß, ist übergroß: Du sollst mich brauchen zu deiner Vertretung auf Erden, dir aber kein Bild von mir machen – da verzagen selbst Gottheiten. Philosophieren – nicht so sehr Unlust, etwas anderes vorzustellen denn ein Grossesganzes, sondern *Unfähigkeit, selbst vorstellig zu werden*; Tätigkeit einer umgekehrten Monade, die kein Bild von sich entstehen lässt – ein verkehrter Appetitus. Darum nimmt der sogenannte philosophische Eros die verzweifelte Form eines ausdrücklich endlosen Appetits (,Wahrheitstrieb'), einer nimmermüden Geschäftigkeit (,Wissenwollen') an. Der in seiner Verzweiflung philosophisch gewordene Eros ist schließlich bloße Ja-Sage zu dem, was man, solchermaßen reduziert, ist und tut (cogito, sum), nämlich philosophieren, sich selbst behaupten und allem Möglichen zur Vertretung andienen.

Erst in der Neuzeit und ihren Arbeitsgesellschaften jedoch wird dieser Zusammenhang evident und unwiderruflich. Angeblich mangels lohnender inner- oder überweltlicher Endzwecke, angeblich angesichts blamierter Werte an sich, fehlender Ein-für-allemal-Erfüllungen, hat die Neuzeit zweierlei erzeugen müssen: die *Arbeit als Beruf* und die *Liebe als Passion*. Entfesselte Leidenschaft und endloses Schaffen gehören in der Unglückskondition des neuzeitlichen Menschen zusammen, stützen sich gegenseitig: Als gelingendes Leben gilt es, wenn der Neuzeitler, von dem einen erschöpft, je dem anderen in die Arme taumelt und umgekehrt; ein Sinn stützt den anderen, private Gefühlswelt und offizielle Arbeitswelt, Gattungsdienst und Individualentfaltung sind *miteinander verschränkt*. Im *philosophischen Eros der Neuzeit*, dem hemmungslosen, berufsmäßig unverfrorenen Denken für alles und jedes, sind Arbeit und Passion dagegen *einander parallel- oder gleichgesetzt*, es ist eine und dieselbe haltlose Raserei. Ihr kann sich rein gar nichts mäßigend entgegenstellen. Daher der Eindruck von Lieblosigkeit und Unerfüllbarkeit, aber auch Unkultiviertheit, Halt- und Maßlosigkeit des philosophischen Tuns. Man hatte diesen Eindruck bereits angesichts der modernen Liebes- und Arbeitsbeflissenheit je für sich, die ja nur aus sich selbst gerechtfertigt, für sich selbst einstehen sollen – die sich keinem Urteil aussetzen, niemanden um ihr Bild fragen wollen; es gibt keine Fehlrepräsentationen hier, denn Liebes- und Arbeitsleidenschaft geben sich zu allem her, lassen sich aber auf nichts ein. Darum kann fast jeder Philosoph sein in diesem Weltalter – in den Universitätsstädten der Neuzeit sammeln sich erst Dutzende, dann Hunderte, schließlich Tausende aus allen Bevölkerungsschichten. (Man stelle sich doch nur einmal vor, ein philosophisches Institut würde zur Realpräsenz rufen – Sammlung eines Bataillons von erkälteten Erotikern ...)

Die philosophische Betätigung ist unvertretbar, steht für sich selbst, kann alles repräsentieren, ist je schon vollkommen im Entscheid für sie. Darum zumeist die *frühe* Entscheidung für die lieblose Erotik des Philosophierens. Man weiß, dass man sich nicht mehr verändern wird. Man weiß, dass alle an Naturstoff gebundene, verarbeitende, subsistenzielle *Aktion* verdrießen, dass aber ebenso die *Passion* mit ihren wechselseitigen Repräsentationen zweier oder mehrerer Menschen, ihren schrittweisen Enthüllungen langweilen wird – denn man weiß ja, zum Philosophen durch sich selbst bestimmt, schon alles von sich selbst. Die Vorstellung eines durch Werbung, Nähertreten, Vertraulichkeiten erst temporär sich aufbauenden Liebesglücks erfüllt die Philosophen von Berufung mit endloser Langeweile, erweckt leidenschaftlichstes Gähnen – diese sprechendste Exaltation des Überdrusses.

Es ist dabei kein Widerspruch, dass die philosophischen Erotiker einmal durch ihre Nachlässigkeit, andermal durch ihre Betriebsamkeit auffallen. Wer sich von allem Bild und Urteil über seine Person unabhängig gemacht hat, wer sein Ohr nicht mehr dem seufzenden Sagen dessen leihen will, was er einer anderen Person, einer fremden Instanz alles sei – der lässt sich gehen und kann doch ganz eifrig sein und seiner selbst gewärtig dazu. Die philosophische Lieblosigkeit kann deshalb auf beiderlei Art verlauten: durch den dümmlich offenstehenden Mund der Geistesabwesenheit wie durch die zusammengepressten Lippen der Geistesgegenwart, durch den halboffenen Hosenstall des Zerstreuten mit seinem blinden Blick in die Umwelt wie durch die kritzelnd-raschelnd-klappernd-plappernde Hast der Arbeitsamkeit.

Selbstmächtig und unersetzbar-unvertretbar ist der philosophische Trieb dabei in jedem Fall. Der Philosoph kann eben nicht dulden, dass eine *Natur* – innere oder äußere – ihm durch ihren saisonalen Zyklus und dessen Gebote (Hungerstillen, Hausbauen, Hofbestellen) Ziele und Ende setzt, er tendiert planetarisch, ja universell, ist am liebsten dort, wo kein Blick mehr auf ihn fällt. Aber auch das je *endlich-bemessene* Ziel einer Leidenschaft ärgerte ihn, in seiner höheren Selbstsucht, seiner Autonomiewut (die ihm freilich von höheren Mächten zugeteilt sein mag); er liebt nicht gern auf ein Resultat hin, er liebt alle Leidenschaft vielmehr von ihrem Grund auf, ihrer Möglichkeit, ihren Möglichkeitsbedingungen. Die sind ihm gewiss, sind ihm versichert Tag und Nacht – ist nicht auch „die Seele immer tätig" (Descartes an Pater Gibieuf, 19. 01. 1642)?

Aber ist denn auch die *Arbeit der Philosophie* ohne Liebe? Arbeit ist, worin man mit *den anderen* übereinkommt und worüber man mit ihnen spricht. Indem der Philosoph seinen merkwürdigen Monolog zur Arbeit ernennt, verrät er sie genauso, wie er schon die Liebe verriet: sie wird ihm zur *Leidenschaft*, der nichts dazwischenkommen kann, weil sie die Sache selbst ist. Jedermann kennt das Bodenlose der philosophischen Rede; wo ein oder mehrere Philosophen ‚in Gesellschaft' erscheinen und durchaus alle Anzeichen der Arbeit, ein Schwitzen, Ächzen, Klappern, Zittern zeigen mögen, spürt man doch: es geht hier um nichts, es ist da eben *nichts* zu *machen*. Die schüchternsten und die frechsten der Philosophen räumen das denn auch ein, wenn sie sagen, es ginge hier um ‚Selbstbildung'. In diesem gegenstandslosen Eifer der philosophischen Arbeitsamkeit zeigt sich nun eine ausgezeichnete Parallele zum ‚philosophischen Eros': Dessen ungebremste Beredsamkeit muss jedes liebesfähige Gemüt verstören, sie läuft auf nichts hinaus und drängt doch mächtig an, es ist eine *gefühllose Zudringlichkeit*. Das Gespräch mit einem solchen Zudringlichen geht nicht *über etwas*, sondern will *ansprechen*, zeigt auch tatsächlich alle

Merkmale der Anrede, der Annäherung an ein Gegenüber – und gilt dessen Sein und Wesen doch ganz und gar nicht; die philosophische Erotik setzt ja ihren Stolz in Annäherungen aus eigener Kraft, unbedürftig der widerspenstigen Widerrede, des koketten Gegenhaltens, sie gleicht einem Bezirzen ohne Absicht, einer Begierde ohne Leidenschaft; sie ist kein Verführen, Beschwören, Verblödenwollen, sondern höchstens Aussicht, sich zu entblöden. Man vergegenwärtige sich das Gesicht eines Philosophen, dem man Gehör schenkte, dem man *entgegenkam*, gar *Recht gab* in seinem Ansturm ... sein schiefes, schnell festfrierendes Lächeln.

Die Triebtraulichen

Mit dem ‚Erkenntnistrieb' (später, verschämter: ‚Erkennt-
nisinteresse') haben sich die Philosophen eine Metapher
ihres Tuns geschaffen, die gleich zwei merkwürdige Voraussetzungen erkennen lässt. *Sachfern* mutet zunächst der
Glaube an, Erkenntnis könne einem anders aufgehen
denn als Enttäuschung und Desillusionistik würde zum
Beruf taugen. Bizarrste Blüte dieses Glaubens ist der professionelle Skeptiker, der, fühllos und fruchtbar zugleich,
in die vertraute Wirklichkeit überall die Kinder seines
Zweifels setzt. Die sich dort ebenso wohl befinden wie er
selbst, auf breiten Hintern Welt besetzend. Erkenntnis ist
doch aber, wovor man sich nicht mehr drücken kann, eine
höchst schmerzliche, wenigstens peinliche Sache! In aus-
wegloser Lage, in der letzten Ecke des Zimmers wird sich
jedoch endlich *zeigen*, was einen dorthin trieb. Erkenntnis
– Ergebnis einer erfolglosen Flucht, bei Anspruchsvolle-
ren, bei Gläubigern irgendeiner Wirklichkeit – Ergebnis
von Enttäuschung. Ehrlich, aber vergeblich der Versuch,
sie vorzustellen, ihr nachzustellen mit Methode gemacht
aus Angst vor der Enttäuschung. Eine Angst, die Gewissheit will, verfehlt den Zeitpunkt der Gewissheit, sie steht
metaphysisch nicht besser da als der frechfröhliche Zweifel.

Zu dem manchmal *dramen*tauglichen Unfug, die Erkenntnis zu wollen – das Unausweichliche zu wollen –,
fügt sich die zierlichere *Posse*, sich einen Trieb herbeizu-
wünschen oder anzutrainieren. Possierlich, weil nicht
ganz erfolglos: Aus der Windstille von Leben und Denken

wächst tatsächlich ein unvermuteter Eifer, Probleme zu finden, zu lösen, zu erdenken; so glänzt ein Überreichtum der Lösungen, der sich nach Fragen sehnt, die ihn fassen und zählen könnten. Nach ein, zwei Jahren Unterweisung spricht man eine Fremdsprache, deren Wortreichtum bald die Sachen ausgehen; die ganze Welt wird philosophisch beredet und betrachtet mit einer Zunge, einem Auge voller Orgiastik und Disziplin. Ein äußerst bedachtsam verfahrender Furor, der an die bürgerliche Arbeit und Liebe erinnert (siehe *Die Lieblosen*), ein Furor, der sich selbst am Leben hält und ärmelschonend in seiner Leidenschaft räkelt.

Philosophen kokettieren mit dem Triebhaften, scherzen unter albernem Gekicher von seiner Verwüstungskraft. Die einzige Segnung echter Triebwüstheit wissen sie nicht zu schätzen: auf Augenblicke vom Bewusstsein erlöst zu werden. Oder ist die philosophische Missachtung der Triebgewalt ahnungsvoll? Mit dem Geschenk der Bewusstlosigkeit demütigt ja die Natur, wer sich von ihr entfernte; das höchste Menschenglück klingt so wie reuevolles Röcheln. Durch aufrichtige Anerkennung dieses Bewusstlosigkeitsglücks umgeht der *nicht-philosophische Teil der Menschheit* seine Demütigung, indem er unbekümmert dieses Glück überall sucht, in Suff und Spielen ebenso wie in der sexuellen Suspension von Aufrechtgang, Menschenwürde, Selbstbewusstsein, Imponierarbeit; die Nicht-Philosophen suchen ganz sorglos die bewusstlosen Augenblicke zu summieren. Der *philosophische Teil der Menschheit* wählt die Flucht nach vorn, folgt dem Zeitpfeil, vielleicht aus Unlust oder Unvermögen zu den populären Vergnügungen des Augenblicks, er schafft Kopien des Eros statt Erfüllungen: ein bewusstes Streben, ein gewolltes Entzücken, ein verständiges Begehren; die Philosophen drücken sich um die erotisch verheißene Bewusstseinstrübung durch selbstverschuldete Dauererregtheit im Gedanken. All das tut inbrünstig, lässt sich gern sehen und lässt doch kalt.

Mancher Nicht-Philosoph kennt vom flüchtigen Hinsehen diesen angelernten Eifer, dieses schmallippige Bemühen bis zum ausgepressten Jauchzer, noch irgendwas bedenklich, problematisch, fragwürdig, erstaunlich zu finden unter jahrtausendelang gehäuften Erstaunlichkeiten, der Nicht-Philosoph ist fast peinlich berührt zuerst, hört dann aber den philosophischen Ton, das obligatorische Vokabular, sieht nochmals hin und – kann vielleicht lachen. Eine Innung, wie schon eine ganze Menschheit, die sich einer Brunst *verpflichtet* hat, auf ihre Freigelassenheit, Wildheit und Wüstheit, die sich übermannt und überwältigt zeigen muss von ,Begehr nach Erkenntnis', die wollen will und Wünsche herbeten muss, eine Menschheit, der, stolz von ewigem Lehrlingstum schwärmend, angeblich die Zauberbesen für immer durchgegangen sind und die überall das Oberste zuunterst gekehrt findet. Die doch aber ganz friedlich in ihrem Trieb dämmern und wie alles Abendland zum Himmel seufzen kann: Schick uns was Unwiderstehliches, peitsch uns zur Entzückung.

Die Trauerlosen

Es gibt eine Traurigkeit, die einem wohlbekannten Verlust folgt und doch von allen Dingen und Menschen so fern rückt, dass man sie für Metaphysik halten könnte, für einen Blick aufs oder fürs Ganze. Deswegen kann einen in dieser Entrückung aber auch alles treffen von Menschen und Dingen, man ist offene Wunde, längst schon versehrt und doch noch empfindlich. So ähnelt diese Traurigkeit der Situation des Denkens, worin nach *einem* Schlag oder *einem* Riss das Gewicht irgendeines Ganzen ermessbar wird. Die *Trauer*, die Trennung von einem Sein kennen die Philosophen höchstens vom Hörensagen; der philosophische Habitus ahmt eher die *Melancholie* nach, diese vergesslich gewordene Traurigkeit, die nicht sagen kann oder will, was ihr fehlt. Die Philosophen sind Verräter der Trauer und (schlechte) Nachahmer der Melancholie, die ja vielfach als Temperament des geistvollen Menschen überhaupt gilt. Die Attraktivität der Melancholie beziehungsweise ihres Äußeren für Philosophen ist leicht einsehbar: Ein handfester Verlust, ein Schmerz und dergleichen machen eigene Rechte geltend, zwingen das Denken zu sich hin in Trauer; solchen Zwang können die Philosophen nicht brauchen, die doch *frei* und *selbst* denken wollen. Melancholie in Philosophengeist und -mund ist professionell gewordene Traurigkeit, Blick auf ein Großesganzes, doch voll unbefangensten Vertraulichtuns mit diesem. Darum wird jedem aufrichtig Betrübten die philosophische Melancholie so widrig sein. Die Leichtigkeit ihres Geredes von Sinn, Grenze, Endlichkeit usw., das

Grauen und das Grau auf den Gesichtern wie aus dem Schminktopf mögen gar eine Wut erregen, die den Philosophen ewig fremd bleiben muss: das Wüten des Bewusstseins gegen das, was es nicht ist, gegen's blanke Sein, das Positive, das die eigene Fühllosigkeit streichelt und nebenher Ästhetiken und Ethiken rieseln lässt. Die Melancholie, von der die Philosophen noch *nicht* Besitz ergriffen haben, hat zwar nicht die Würde einer Trauer, doch ist sie in der Regel voller Taktgefühl, voller Schamhaftigkeit: sie lächelt, verlegen über ihre Abirrung von irgendeinem Großmächtigen (Glaube, Gesellschaft, Geschäftsleben und dergleichen), sie verbirgt sich. Hat man je einen Philosophen gesehen, der seine Melancholie verborgenhielt? Wird nicht jeder Philosoph, wo er nur kann, seine Melancholie an den Haaren hinter sich schleifen zum Messetag? Die philosophische Schamlosigkeit, aus dem – gewiss arglosen – Vertrauen darauf, philosophiehalber zum Seufzen, Kinn- und Stirnreiben, Kopfwackeln und -heben und -senken usw. verpflichtet zu sein, hat die Melancholie fast um allen Kredit gebracht. Welche Melancholie wagte noch, *nicht* gedankenschwer zu sein und zu seufzen? Und doch ist dieses Seufzen der Beflissenheit, um nichts und über alles, gerade als Dienst gemeint, als Leistung im arbeitsteiligen Pflichtenbau. Schwitzendes, hochproduktives und allertreuherzigstes Ächzen. Muss da nicht wahre Trauer in rasende Wut umschlagen? Aber die Melancholie der Philosophen lässt sich nicht zerschlagen, sie ist ja die grundlose Traurigkeit des Geistes über sich selbst; nachgeahmt in Jahrbüchern und Sammelbänden. Aus der Trauer über Verluste wächst

Poesie, aus der Melancholie der Verlustlosigkeit wächst der Aufsatz; nur ein poesievoller Furor könnte der Aufsätzigkeit Einhalt gebieten.

Die Stillosen

Stil haben heißt, dass einem immer wieder dasselbe begegnet, dass man immer in der gleichen Art darauf reagieren muss; in dieser Begegnung werden Mensch und Sache ununterscheidbar. Solche Formungsgeschicke finden sich zum einen bei den nachmals ‚naiv' genannten *Denkern*, elementgeprüften, urtümlichen Geistern, die ständig sich die Finger verbrennen, in eine Pfütze treten, schwere Luft atmen müssen, zum anderen bei den *Moralisten, Historikern, Poeten*, die durch eine Art Standesehre oder Schreibpflicht festgehalten sind an jenem Ort, da einem die Ereignisse unbarmherzig zur Form verhelfen. Die *Philosophen*, wo sie es zu einiger Autonomie (vielleicht nur: Ortlosigkeit) gebracht haben, lernen nun weder sich selbst noch Unvorhersehbares kennen, ihnen begegnet nichts, sie dämmern in einer merkwürdigen Mitte zwischen dem Menschlichen und dem Sachlichen – zwischen Selbst und Welt, um es ein wenig philosophisch zu wenden. Kein Stil entsteht, nichts bildet sich in dieser Mitte. Dennoch bleibt sie nicht leer, sie wird durch Wörter gefüllt. Der Glaube an Wörter, die selbstverordnete Liebe zu ausgewählten Wörtern ist das sicherste Hindernis gegen die Ausbildung eines sprachlichen Stils und zugleich dessen vollkommener Ersatz. Die einseitige Bevorzugung gewisser Wörter ersetzt den Stil: das ergibt eine Schreibart oder Sprechart, einige Stunden täglich vielleicht auch eine Seinsart, die zwischen Gepräge und Gepränge schillert und einem Stil durchaus ähnlich sehen kann. Doch diese Schreibart, Sprechart usw. hat kein Leben und stirbt darum auch keinen ehrlichen Tod, gerade weil sie ein Eigenleben beansprucht, ein aus nichts als Wörtern gezüchtetes. Ihre Wortwahl verrät die Stillosigkeit der Philosophen: ihr Sprechen, Schreiben, Gestikulieren hangelt sich an Wörtern entlang, die nicht für sich stehen können und es nun sollen, Wörter, die nur in höchster Bedrängnis gesprochen ihr Recht haben; verbale Notwehr. Wörter wie ‚Selbstachtung‘, ‚Selbstbewusstsein‘, ‚Selbstbestimmung‘, ‚Menschenwesen‘, ‚Menschenwürde‘, ‚Grundrecht‘, allesamt aus Situationen, worin den Menschen ein Ungeheures demütigte, niederdrückte bis auf den Grund – auf dem nun aber Philosophen munter bauen wollen. Eine unwahre Positivität musste daraus entstehen, eine Geschraubtheit des Sprechens und des Seins, die aus Seufzern und Röcheln ihre Abhandlungen und Paragrafen zieht, die einstige Rosen-im-Kreuz als Thesengemüse in Begriffsgärten anbaut. Eine beträchtliche Lächerlichkeit wuchs damit auch, ins Himmelhohe: das Vokabular der Verzweiflung, der Ohnmacht, der Reduktion des Menschen, wovon jeder historisch und moralisch Mindestempfindliche den Blick und das Ohr abwendet, nun den Aussageungetümen der Macht zuzuwenden, konstruktiv zu tun, gemütlich und unbefangen einen Bau zu beziehen, von dem verkündet wird, hier sei für jeden Platz, der ihn mit gründen und erweitern helfe! Es ist die Raumgier im Wohnen, Bauen, Sich-Ergehen der Philosophen, was die bescheidener Behausten misstrauisch werden lässt. Wo fände dieses Misstrauen besseren Anhalt als an der leichenhaften Lebendigkeit philosophischer Buchmacherei, dieser Häufung von Antworten und Bescheiden auf nicht mehr sichtbare Fragen und Ereignisse – Unglücke, Schicksalsschläge?

Die Unverbindlichkeit des philosophischen Sprechens wird man meist empfinden, wenn man einmal Bücher noch lebender Philosophen liest. Schnell wird hier deutlich: Es gibt keinen philosophischen Stil. Warum erwecken Denker der Vergangenheit nicht derartige Empfindungen, selbst nicht die kleinen und kleinsten unter ihnen? Wir nehmen sie in ihrer Unbeholfenheit, Unveränderlichkeit, Unbrauchbarkeit wahr, was die Unbrauchbarkeit des Vergangenen selbst ist, dieses wirkt aber wie die Themen der toten Denker ganz schroff als Selbstzweck. Dem entspricht der Stil der Toten. Was Poesie, Physik, Historie, Naturkunde usw. als unbrauchbar, eben ‚philosophisch', einst beiseitegeworfen haben, schleicht sich nicht demütig als ‚Tradition' oder ‚Problem' in unser Denken. Es liegt souverän da in seinem Ausgeworfensein, taugt zu nichts und erweckt unser Interesse – so auch sein Stil, der, schon damals unfähig, die davoneilenden Wissenschaften und Künste zu meistern, erst recht nicht uns Nachgekommene erreichen kann und das auch gar nicht muss. Für einen solchen Stil verlässt man gern alles, was einen schon erreicht hat und erreichen will, man verlässt seine Zeit und ihre Philosophen.

Die Ursprungsneigung der *Denker* ist kaum zu verwechseln mit einem gewissen Ältlichtun. Woher der altertümelnde Ton in der Rede fast aller *Philosophen*, der schlichten Geschmäckern zumeist noch als ‚literarisch' gilt? Bedachtsamkeitsanzeige, ein gravitätisches Hinterherhinken dem Allzuflinken – dem Alltag und der Forschung; gewiss doch. Liebenswürdig-vertrottelt aus höherer Okkupiertheit; versteht sich. Unbrauchbar, unzweckmäßig, also vielleicht Selbstzweck; man glaubt es. Vor allem aber ein Hinfälligkeitswink, ein Nachsichtigkeitsanspruch: „Ich will gar nicht die jüngsten Ergebnisse ..." „Wer überschaut noch all die neueren ..." Hinfälligkeit, Hingefallen- und Hinausgefallensein. Aus dem sich der Philosoph aber großartig erhebt.

Die Podestalen

Aus dem Entschuldigungerflehenden, welches das Auftreten eines Philosophen fast stets begleitet, spricht das Bewusstsein um einen Hochmut, der nicht sein eigener sein soll; eine *Sache* sei es, die ihn vorschiebe – eben darum kann man ihm sein Auftreten so schwer vergeben. Unglaublich ist schon, wie ein erwachsener Mensch Vergnügen haben kann am *Monolog*, gehalten im Angesicht einer schreibenden, tuschelnden, schmatzenden, dann und wann telefonierenden Menge von Halbwüchsigen. Die Anmutung aber, mit mehr als einem zu *streiten*, hat etwas Unanständiges, Schielendes, Unredliches; vor einem Publikum zu streiten, ist vollständige Schamlosigkeit. In podestaler Entblößtheit verlässt man sich auf Argumente, das heißt, man ist zu allem bereit. Das Gefühl, ein Objekt zu sein, dem man beim Denken zusieht, wäre kaum erträglich, es ist vermeidbar nur durch selbstbefohlene Angriffslust, selbstvollbrachtes Wundwerden. Allein vor Widersachern muss man sich nicht schämen, wenn man auf sie losgeht. Deshalb wird der schamhafte Mensch alles vermeiden, was übers Zwiegespräch hinausführen könnte; ein Gespräch zu bestreiten in einem gefüllten Saal erscheint ihm so verlockend wie ein Automobil durch eine Welt von Automobilisten zu lenken. Wer immer sich sehen lässt und dabei sprechen muss, wird zum *Vertreter*; der zeitgenössische Vertreter kommt nicht aus ohne gesteuerte Mobilität: Alles Agieren, das über feindselige oder geschlechtliche Annäherung hinausgeht, entspringt einem Vorsatz und ist nur durch dessen Wiederholung zu rechtfertigen, als Methode und Handwerk, bald selbstvergessene Routine: Man kennt den Philosophen nur als Berufsphilosophen, als einen, der nicht ohne Argumente aus dem Haus geht, der aber auch die Argumente wetzt ohne Wissen, wozu sie nötig sein werden. Der Unphilosoph, das heißt der schamhafte Geist, will nichts Unveranlasstes, nichts Unnötiges tun, seine Freiheit nötigt ihn nicht, er darf mit Gründen im Zimmer bleiben oder ohne Argumente ausgehen. Jeder begründete Schritt wäre ihm ein Raub an dem, was er aus seinem Fenster oder an seinen Besuchern zu sehen bekommt, ja mehr noch: jeder Grund wäre ein Blick weniger gewesen, jedes Philosophem ein verstellter Anblick; eingebüßt hätte er schließlich auch den Anblick der Philosophen und ihrer Gründe.

Die Ernstgehaltenen

Ernst spricht und schreibt jeder, der schon vor allen Worten weiß, was er zu sagen hat – der Gedankenvorführer, der Überzeugungsdarsteller. Den Stil des Ernstes prägt die verborgen atmende Prämisse, die durch eine enge Röhre, die Deduktion, ans Licht soll. Daher das maßvoll Gepresste, Getragene, Gehobene der Prämissenschriftstellerei. Gewichtig, nachdrücklich, hier und da ein wohlplatzierter Scherz – und ein durchdringender Geruch von Angestrengtheit. Man würde diese Angestrengtheit kaum begreifen, wenn nicht etwas zu vermuten wäre, das sich unverhüllt oder unmittelbar niemals ans Licht wagen dürfte, eben die Prämisse. In den Umständen, die der Prämissenvorführer mit ihr macht, liegt eine Art Scham; so sorgt man sich um das Seine, das man doch erst zu dem Seinen machen muss – etwas Ererbtes, Zugewachsenes, ohne Pflege hilflos und verderblich, ein Gedanke, den man von klein auf kennt und irgendwann in der Sprache der Allgemeinheit vortragen wird. Der Ernsthafte des Gedankens, der Prämissenschriftsteller beeilt sich mitzuteilen, dass er über Humor verfüge, die Ironie zu handhaben wisse: ein Handhaber und Verfüger, den sein Vorauswissen geniert. Wer sich im Ernst hält, der weiß, wie die Dinge liegen, die er in Worte fassen muss, aber auch will ... oder wollen zu müssen meint. Es ist nämlich nicht sein eigener Ernst, sondern – zum Beispiel – der Ernst der Politik, der Wissenschaft, der Konfession, wovon er sich gezwungen fühlt ... was wäre er ohne diesen Zwang? Nichts – eben das ist sein Lebensernst. Er beruht auf

Überzeugungen, die fest, unwandelbar, nicht zu korrigieren, also nur auszutauschen sind; daher der Wandlungsreichtum bei äußerster Starre des Gedankens. Der Prämissenschriftsteller hat jede Menge Überzeugungen, in denen sich aber nur leben lässt, wenn alle drin leben, für ein Leben in allzugänglichen Überzeugungen entsagt er allem; daher die Aura von Leblosigkeit um ihn. So stimmt das Blutleere oder Anorganische mit sich überein, es ist an jedem Punkt im gleichen Zustand, im Vollbesitz seiner Möglichkeiten, wie Überzeugtheit allgemein; beim Überzeugungsschriftsteller reicht der Verstand genau so weit wie der Wille. Nicht also steht hier ein Verstand ‚im Dienste des Willens', der sich selbst, nackt und bloß, niemals ans Licht wagte; vielmehr würde ohne solchen verschämten und doch zudringlichen Willen alle Verständigkeit in sich zusammenbrechen.

Dagegen wirkt, wer willenlos seinen wechselnden Launen folgt, geradezu unverschämt – der Prämissenlose, Vorurteilsfreie bzw. Stimmungshafte. Die Unverschämtheit besteht schlicht darin, sich seinen Gedanken zu überlassen, das heißt sogleich das rechte Wort für sie zu haben. Launenhaft und unseriös ist jeder, der sich ohne Vorüberlegungen (Manifeste, ‚Leitbilder') ans Denken macht. Man erkennt den Launenschriftsteller an der Verschämtheit, womit er sich in der realen Welt, der gedankenlosen oder gedankenstarren, bewegt – in der Welt des Ernstes. Er muss schüchtern sein hier, weil er auf dem Papier, in seinen Launenworten, so wild war. So wild führt er sich auf dem Papier auf, weil ihm nichts wichtig ist, er nichts beweisen muss. Willen- und haltlos ist er. Deswegen findet er seinen Halt nur auf dem Papier. Deswegen findet er aber auch immer die rechten Worte. Kein Wort von ihm, das nicht einer Laune entspräche! Er liest sich so, wie ihm war, als er schrieb; seine Stimmungen bilden also jenes ‚An-sich', nach dem die Philosophen jahrhundertelang wie verrückt waren, es ragt unverschämt-vollkommen in die wortgemachte Welt. Der Stimmungsechte kennt übrigens keine andere und muss deshalb seine Launen ernst und wörtlich nehmen; die *Welt wortlosen Ernstes* dagegen – lächerlich! Doch sieht er, dass andere drin wohnen und dran glauben, er sieht ihre ernsten Gesichter, für seine Glaubenslosigkeit schämt er sich. Selbst wo man ihn auf Podeste hob, verkrümmt er sich in Schüchternheit.

Nun stelle man sich einen Ernsten des Gedankens vor, der sich den Launen eines anderen, eben eines Ernsten des Wortes, widmet – so hat man den *philosophischen Ernst*, einen Ernst zweiter Stufe. Seine Prototypen sind der Pascal-Systematiker, der Hamann-Kartograph, der Nietzsche-Verarbeiter – der „Über Nietzsche". Statt laut oder leise lesend den Launen seines Objekts getreulich zu folgen, weist er ihm Inkohärenzen, Untreue gegen „zentrale Ideen", „durchgehende Motive" usw. nach; der dem Ernst Verschworene rümpft die Nase, dass der Stimmungsschriftsteller es nicht zum System oder wenigstens zum Aufsatz brachte, er rüffelt ihn gar: „hier unterschlägt er", „dort weiß er selbst", „kurz darauf aber meint er", „spätestens jetzt ist er im Widerspruch mit sich". Das Wunderbare des Philosophenernstes ist seine Immunität gegen die Widersprüche des lebendigen Wortes oder sogar der

Hass auf diese; gerade ein lebenslänglicher Abscheu vor aller Ambivalenz treibt den Ernstgehaltenen dazu, sich den präzis, also widerspruchsvoll äußernden Geistern zuzuwenden. Der Ernstphilosoph bringt das Kunststück fertig, auf üppigem Bankett der Sprache seine mitgebrachten Prämissen auszuwickeln und hineinzubeißen – mit vollem Munde spricht er über den Geist, bei dem er sich eingeladen hat.

Die Ehrgeizplatonischen

Ehrgeiz ist die trivialste Form der Ernsthaftigkeit. Wegen seiner starken Verbreitung wird er vielfach nicht als philosophisches Temperament oder überhaupt als Temperament angesehen. Ehrgeiz, so heißt es, treibe doch fast alle, die Geist- wie die Machtmenschen. Auf den zweiten Blick erweist sich das Treibmittel meist als simple *Beflissenheit*. Sie ist, bei allem Eifer, doch ganz aus einem Stück; ein schlichtes, lineares Streben. Eben deshalb kann sie sich *andienen*, sie verliert und verrät nichts dabei. Der Ehrgeizplatonische dagegen weiß, was *er* will, noch ehe er einen Anlass seines Wollens, Strebens, Machens findet; dieses Vorab-Wissen machte ihn zum Philosophen und da wieder vornehmlich zum Platoniker. Der Ehrgeizplatonische sieht (,schaut', wie er bei sich zu Hause, in den Akademien einst sagte) nämlich eine Ordnung, in der er ziemlich weit oben steht. Ganz oben steht er nie, von dort fällt ja das Licht auf ihn, das seine Höhe beleuchten soll. Der Ehrgeizplatonische weiß stets im Voraus und im Innersten, was er wert ist. Die Arbeit seines Lebens – seines Lehrens, Strebens, Meinens, Wirkens usw. – ist dann, die anderen davon zu überzeugen. Er ist ein Übersetzer, ein Umsetzer des innerlich Gewussten. Das Argument ist sein Atem. Wo die Lichtverhältnisse sich ändern beziehungsweise die Sache mit der Zentralsonne verbrannt riecht, bekommt der Ehrgeiz aber erst seine rechte Würze. In solchen Verkohlungen oder Verdunkelungen der Transzendenz, könnte man meinen, stehe der Mensch in seinem eigenen Licht, da stehe doch aber jeder dem anderen gleich, da wäre doch niemand mehr einer Sonne näher oder ferner. Eben das weiß man aber vielleicht noch nicht überall – der Platoniker muss also zum Aufklärer werden. Ein Sonnenlicht für alle, freie Bahn jedem Strahl. Die Illumination ist jedoch nichts ohne das Dunkel, das sie umgibt. Wie setzt sich der Ehrgeizplatonische in aufklärerischen Zeiten ins rechte Licht? Zumeist so: Er legt, pragmatisch und vernehmbar nunmehr, nicht bloß stilltheoretisch, seinen Wert fest, in grober Schätzung. Da ist er der erste, da kann ihm niemand dreinreden; mit festem Griff hält er die Waage seines Wertes. Da ist er autonom. Aber er will es ja nicht aus eigener Macht, zum eigenen Vergnügen bloß sein! – deshalb macht er *Mitteilung* davon. Nun beginnen Vergleiche: Man findet ihn unvergleichlich, denn sein Ehrgeiz geht auf eine Ordnung, die man noch nicht kannte, beispielsweise eine der Klarheit, Reinheit, Echtheit. Tageshelle des Gedankens! Man findet, dass der Ehrgeizplatonische diese Ordnung vorzüglich ausfüllt mit seinem spezifischen Leuchten, er lässt schließlich auch Raum für andere und anderes, alles ist schnell bis auf den letzten Platz besetzt, eine Helle sondergleichen – man beleuchtet sich gegenseitig dadurch. Es ist ja kein Raum mehr, worin Licht verlorengehen könnte. Der Ehrgeizplatonische, wäre zu vermuten, habe es allen gezeigt mit seinen Erleuchtungen. Aber er ist nicht so, er ist kompliziert, er leidet unter seiner Komplikation zuweilen, er ist ein Wunder an Kompliziertheit: Das Wunderbare ist, dass er sich am Zuspruch derer wärmt, die er mit seinem Licht doch ,allererst' erleuchtet hat. Empfängt er seine Souveränität aus subalternen Ermächtigungen? Ist er ein Usurpator und Hinterlistiger, der sich klein macht, um mit seiner Größe zu überraschen? Immerhin ist es ja der Ehrgeiz, der Mensch und Welt beurteilt sehen will, der nichts so einfach im Sein dulden kann, der alles unter Werte setzt – wie sollte er sich da nicht zweckmäßig ansetzen können nach Größe oder Kleinheit? Der Ehrgeizplatonische wirkt, gegenüber der Plumpheit der Macht und dem Regelrecht der Gelehrsamkeit, somit genuin philosophisch, als ein Regelsetzer, Spielerfinder – Erfinder von Spielen, in denen er immer gewinnen muss. Ist aber dieser Ehrgeiz, der mit seinem Urteilsspiel Licht und Schatten verteilt, nicht bloß ein Trickbetrug von Halb-Mächtigen und Nicht-ganz-Gelehrten? Am meisten spürt das machtlose, ungelehrte Volk eine Nähe der Philosophen-Ambition zum Trickreichtum des Alltags. Schon will es dem Philosophen, der ja gern gegen die Macht wettert oder die Gelehrsamkeit schmäht in seinem Licht-Spiel, verschwörerisch zublinzeln. Doch blinzelt der Ehrgeizplatonische seit dem göttlichen Platon nicht zurück – das ehrgeizplatonische Auge gibt Licht nur, empfängt keines. Ist jedenfalls nicht angewiesen auf Empfang. Zeigt sich jedoch empfänglich, wenn es sein muss. Bleibt aber für sich. Und mit Recht führt sich das Einauge so einzigartig auf! Der Ehrgeizige des Gedankens, der Platonische von Geburt, hat nämlich keine Hintergedanken, keine Eltern oder Ahnen, denen er Freude machen müsste mit seinen Entfaltungen, er leuchtet niemals, um zu erwärmen. Man muss, wenn man kann, nur genau hinschauen: Er ist ganz Haut und Knochen, ja, eigentlich transparent; man sieht an dieser Figur keinen Teil, der einen anderen in

Dienst nähme, er ist selbstlos und abstrakt. Sein – zugegeben kräftiges – Wollen richtet sich auf Ätherisches, Ideales, nämlich die Wertordnung, wovon er erst Mitteilung machen muss aller Welt; in dieser Ordnung zu leben – täten's doch alle! –, heißt aber nichts anderes, als solch schlichtem Wollen verpflichtet zu sein, also es ihm nachzutun als dem Vor-Woller, dem Mit-Teiler. Der Ehrgeizplatonische des Gedankens, der Platoniker des Mitteilungsbetriebs hat sich zerrieben zwischen Wert und Wollen, er hat Ernst gemacht mit der Autarkie des Geistigen, er will, mit seiner Ernsthaftigkeit, seiner Geistigkeit, nichts züchten aus sich und nichts nähren an sich, er ist leiblichweltlich ganz rein und absichtslos, als Blume der Absichtslosigkeit erblüht ihm das Magengeschwür ...

Die Erstaunlichen

Eintrittsgeld, Einstiegsfrevel. Wenn der Theologe seinen Schrecken verriet, so der Philosoph sein Staunen: Der Umgang mit dem Ungeheuerlichen, zu dessen Vertretung oder Vergnügen sich die Philosophen kommandiert meinen, lässt nichts anderes übrig. Eine merkwürdige Mischung aus *Behaglichkeit* und *Pflichtgefühl* resultiert daraus – sie stützen sich gegenseitig. Der Philosoph, das heißt der Denker von Berufung, fühlt sich verpflichtet, inmitten des Ungeheuerlichen Platz zu nehmen, so stößt es ihm nicht mehr zu, die berufsspezifische Behaglichkeit breitet sich aus. Befremdetsein wird nun Methode, Erstaunen zum Alltag. Das geht nicht ohne ein überdurchschnittliches Talent des Behagens, vor allem des Vertrauens, auf Garantien überall. Vieles muss garantiert sein, damit sich einer gesichert fremd fühlen könne in der Welt. Wenn Philosophen ihren – natürlich aus anderen Schößen gelieferten – Nachwuchs im Sich-fremd-Stellen unterweisen, dann sieht man ein falsches Staunen, ein unwahres Fremdeln gezogen, die doppelt befremden und damit zurücksinken ins Nichts-als-Gewöhnliche: Befremdlich ist die Zutraulichkeit, mit der man die philosophische Fremdsprache lernt, die unvertraut tut mit einer Welt, die nichts befremdet.

Aber inmitten des Behagens wächst ein Gefühl der Schuld, der Verpflichtung. Aus der Windstille der Garantien heraus erhebt sich pflichtschuldig der Wirbelsturm der Fragwürdigkeiten, worin die unscheinbarsten Worte schwirren und schlimm einschlagen. Vertrautsein und

Fraglichfinden sind bei den Philosophen einander dienstbar, ihre Spiele dienen dem Ernst und ihr Ernst dem Spielen. Beides gerät vorhersehbar und ausweglos: Kein Wortspiel ohne den Wortzwang am Ende, kein Wörterwirbel ohne Wortstarre am Anfang.

So scheint Philosophieren eine auf Reglosigkeit gebaute Raserei. Statt periodischer Erschöpfung winkt eine lebenslängliche Verspannung, woran man – Haltung, Sprechart! – sogleich den Philosophen erkennt. Die Mühe, zwei, drei Minuten auf dem Gipfel der Verblüfftheit, auf der Höhe seines Arguments zu sein, einzuschlagen, durchzudringen, rechtzubehalten, hinterlässt jene Verspannung, die Stunden währt und die zu lösen Masseusen-Lebenswerk wäre.

All diese müden Volten, um staunen zu können, diese an Haken hochgezogenen Augenbrauen, diese coffeinierten Gehirne ... Doch so sehr sich auch ein Philosoph exaltieren mag, ob bis zur Inbrunst der Parteinahme oder zum Quieken der Verzücktheit – man glaubt ihm das nicht oder jedenfalls nicht ganz, man ahnt um die Trägheit jenes Körper- oder Seelenteils, auf dessen Grund die Restperson ausschlägt.

Die Philosophen leben eingedenk des Staunens, das sie verrieten, sie meditieren gern über einem Leichnam. Sie gedenken des philosophischen Uraffekts, weshalb ‚die Geschichte' ihren Sonntag bildet: Der einseitige und übermäßige Gebrauch bestimmter Wörter ist eine Überspanntheit, die von Zeit zu Zeit einer Erinnerung an ihren ursprünglichen Anlass bedarf; nur so vollbringt sie reibungslos ihr Verstörungswerk.

Die Exaltierten

Staunen müssen, wo nicht mehr gestaunt werden kann – Urszene aller Exaltation, aller philosophischen Beflissenheit. Diese hat sich aufs Staunen verpflichtet als auf ihren Berufsaffekt, der einem Ganzen (des Seins, der Welt, des Lebens) gelten soll, das einem dadurch vom Leibe und in den Blick rückt. Leistet das aber nicht auch die Langeweile? So steht das Staunen der Denker am Anfang, das Gähnen der Denkmüden am Ende einer Geschichte, die philosophisch heißt und stimmen muss, eine Geschichte verblasster Erstaunlichkeiten. Ursprünglich und kräftig bleibt jedoch der philosophische Affekt, der die Dinge auf den Kopf zu stellen weiß, der also zum Beispiel sich selbst befehlen kann, zu erwachen aus unverschuldeter Mündigkeit, zu mundoffener Verdutztheit inklusive methodischen Abbaus derselben. Pflichtschuldige Exaltiertheit ist vom Philosophen verlangt vor einer Welt expandierender Erstaunlichkeiten: Nie hatte man etwa weniger Interesse als heute an dem, was uns die Hirne, Tiere, Moleküle zu sagen haben, und nie mehr Aussicht, es zu erfahren. So ist das philosophische Raffinement bei den Darstellern der Unschuld, die noch Fragen hat. Aus Überlegung geborene Affekte, Verliebtheit in Abstraktionen wie die Weisheit oder den Zweifel – die Philosophen verkehren nicht nur die menschlichen Regungen, sondern vermehren – vor geduldigem Publikum – auch deren Anzahl. Sie erwecken bei diesem merkwürdige Tugenden, etwa zu fragen, wo nichts zu fragen ist: Als Erwachsene philosophieren wir alle, denn wir stellen die Fragen, die wir nicht mehr haben, an *Philosophen*, aus *Erzogenheit*. Neben der Höflichkeit, die man als Nicht-Philosoph angesichts der Philosophen-Begeisterung vor dem Ausgehecktem, angesichts der beflissenen Bemühung ums Entgeistertsein, um eine *Begeisterung des Erstaunens* entwickelt, kann einem in schwachen Momenten auch manches Unheil zuwachsen, wie stets, wo man sich gewisser Angebote eigentlich unbedürftig weiß. Das Gefühl, der Auskunft eines Philosophen nicht zu bedürfen, erreicht nämlich schnell die Stärke einer *Aggression* oder die Innigkeit eines *Gewissensbisses*; der gefühlte Mangel an philosophischen Problemen vor jemandem, der sich ungerührt weiter ein Staunen abpresst, kann zu einem Leiden werden, das Philosophen ersehnen müssten, wenn sie an Problemen *leiden* könnten. Und auch der Gefühlsmischmasch des Sentimentalen droht vor der Fragenlosigkeit der Philosophen – sie erweckt ein unbestimmtes *Wehgefühl*, ähnlich wie vor Handelsleuten nicht vermisster Produkte, Ausschreiern unbekannter Produktion, ein Wehgefühl wie vor Bettlern, Hausierern, Vertretern überhaupt: man kauft ihnen etwas ab.

Kaum etwas Künstlicheres als das Staunen, das Produkte abwirft, das Staunen, das philosophisch sein will! Allerdings lag es nicht immer in der kunstreichen Hand der Erstaunten. Im 19. Jahrhundert genügte es, dass Schule auf Leben, dass Philologie auf Industrie traf, damit sich Geister bis an ihr Ende von Befremdlichkeiten nähren konnten. Sobald Industrie die Geister selbst formte (die Köpfe produzierte, die Subjekte fabrizierte), musste sich das Staunen aufs Unproduzierbare verlegen, später aufs Unproduzierte überhaupt. Die Öffnung oder die Verkrampfung vor jeder Art von Orient bleibt als philosophischer Eros dem Westen.

Die Schwindelhaften

Die Typenarmut des Schwindelhaften erleichtert die Einordnung des Materials: In nur zwei Klassen findet all jene Geistesbewegtheit ihren Platz, die sich von möglichen Anlässen der Verstörung, Entblößung, Beschämung freihalten will. *Schwindelhaft* darf jegliche Schamlosigkeit heißen, die durch sich selbst noch etwas anderes, in der Regel ,mit guten Gründen' Auf- und Zuzudeckendes vorweisen will, ohne sich von diesem eventuell blamiert zu finden. Das Garantiemedium der Unblamierbarkeit ist die schwindelhafte Sprechart. Der *Flatterhafte* mit seiner hastigen Rede, von hier nach da, vom Für zum Wider springend, macht die Aufdeckung des Schwindels schmerzlos und sein Verzeihen leicht – fast lacht er ja selbst über das Aspektgewühl im Sagbaren. Sein Metier ist eine unbeherrschbare Bewegtheit, die Bewegtheit der Sache selbst, in der es wie von Flöhen hin- und herspringt; er fasst das in Worte, bald schwinden ihm die Sinne, endlich bittet er nur noch um Pardon für alles, was er sagt. Wie schnell scheint etwas falsch oder dumm, weil das Auge noch nicht gefasst hat, was die Zunge schon hin und her rollt; ganz konfus kann einem da werden. Schnelle Rede, schnelle Rücknahme, überschnelles Zugeständnis. Dieser Typus gilt nicht als exklusiv philosophisch, im Unterschied zum zweiten, dem *Pausensetzer, Starrblicker, Selbsteinredner.* Der Schwindel ist hier insofern ,philosophisch', als er Vorsatz und System verlangt, dem Beschwindeln ist das Sichschwindligmachen vorausgesetzt, eine gewisse Stimmungsmache an sich selbst, der nichts mehr die Laune verderben kann. Der Schwindelhafte solchen Typs ist stets ernstgelaunt, er hat etwas im Blick: seine Sache, und Sein und Sache sind hier derart verwechselbar, dass nur die Rede, eben seine, dorthin führen kann. Unfasslich ist sein Schwindel nicht im Irrlichtern vom einen zum andern, vom Hin zum Wider, vom Pro zum Contra, sondern in einer Bestimmtheit, die sich, ohne rechts und links zu schauen, den Weg durchs ratlose Publikum bahnt. Das ist natürlich der Schwindel des Monologischen, der Berauschtheit durchs Vernehmen des Schädel-Vibrato, der Kopf-Stimme, der vorsätzlich eingeleiteten Begeisterung. Man muss solchen Schwindlhaften in Bedrängnis gesehen haben, um das Technische, Regelhafte, Tüftelkluge seiner Begeisterung erkennen zu können, die wachsende Lautstärke, die von innen befohlene Brillanz des Auges – womit Wort und Blick über alles hinwegjagen, das am Ernst dieser Begeisterung zu zweifeln wagt. So begeistert nur eine *Sache*, und *eine* Sache nur! Sieht man sie nicht, so eben, weil sie die Person erfüllt, die davon dröhnt und deliriert; im Schwindel der Sachergriffenheit.

Die Schaumgeborenen

Der schaumgeborene Geist, vulgär: Schaumschläger, ist aus ursprungsechtester Erregung geboren und doch jederzeit zugänglich. Darin ist etwas Göttliches, zumindest Gottgleiches: er ist eine Schöpfergewalt, der man beim Schaffen zuschauen kann. Wenn er sich erregt, wenn er aus seiner gottgegebenen Tiefe oder Höhe schöpft und schäumt und sich, voller Rücksicht auf umgebendes Mittelmaß, ins Weite und Flache ausbreitet, glaubt man zu sehen, wie der Schaum wandert: vom Hirn, vors Maul. Der Schaumgeist lässt an der Entstehung seiner Gedanken teilhaben – *seiner*, wohlgemerkt, er hat nur eigene, sie entstehen im Moment des Hochschäumens, des Aufschäumens seines Temperaments.

Das öffentliche Vordringen des Schaumschlägers setzt seine Umwelt in nicht geringe Verlegenheit. Überall wird ja gespart und der Deckel zugehalten. Soll man Hoffnung schöpfen, dass *etwas* sich ihn leisten kann, inmitten allgemeinen Versinkens; oder bildet sich sein Schaum gerade aus dem Versinken, aus der entweichenden Luft dieses seinsdurchlässigen Etwas ... ist der Schaumschläger Botschaft oder Verhüllung eines Niedergangs – eines neu anfangenden Nichts?

Den Scharlatan, den Schaumgeborenen wird man nicht leichtfertig übergehen bei der Wägung dessen, was ein Philosoph ist und tut! Es könnte sein, dass gerade hier das Denken beginnt, wo es um die Möglichkeit seiner Nachahmung und Verkehrung geht, um die Wirklichkeit von Gedanken rein aus ‚nichts'. Ein Kreis von Philosophen, der auch nur einen dieser Geistschäumer in seiner Mitte, auf seinen Stühlen und in seinen Ohren duldet, ohne an ihn einen Gedanken zu verschwenden, beweist damit die Unschuld des Philosophierens, dessen Furchtlosigkeit vorm Ungeheuerlichen bei weitem die Staunkraft des Denkens übersteigt. Was in der Philosophenmitte schäumt, funkelt, dampft, meist auch in der Falte des Marktes, den Öffnungen der Macht, schwitzt gern: Wahrheit, Freiheit, Menschheit, und überhaupt ist es nichts, als Dampf, *nach* seinen Erhitzungen, es hütet und verbirgt nichts, ist unfähig der Täuschung, *lebt und atmet* also *in der Unwahrheit.* Es durchdringt alles und hinterlässt doch keine Rückstände. Wer hierüber stolpern, hierin steckenbleiben könnte, hätte das Zeug zum gescheiterten Philosophen, das Zeug zum Denker ...

Ein Scharlatan unter den Philosophen bietet dem Nachdenken mehr Stoff als hundert Ehrliche. Diese sind ja seit je ans Spezielle gefesselt. Der *Substanzielle* kocht *sein* Süppchen, der Schaumschläger überblickt die Gesamtheit der Töpfe. Seine Rundum-Gestik ist lächerlich, aber eben nicht ganz. Seine Angst vor der Lächerlichkeit verhindert, dass sich auch einmal die Größe seiner Lächerlichkeit zeigte – die ihn dann überragen müsste, ihn, der nichts lieber ist als *Subjekt!*

Um ungestraft freveln zu können am Geiste, muss ein Dummkopf sich in die Straflosigkeit flüchten, in die Begeisterung; kein Scharlatan, der nicht einst reiner Dummkopf war. Jene reinstentwickelten Dummköpfe, die Schaumschläger, legen sich listig eine Begeisterung zu, vor der die Gelehrsamkeit taktvoll oder hilflos verstummt.

Der Schaum erhitzt sich, verduftet aber nicht völlig, sondern steigt zu den Gipfeln, den höchsten Höhen – und tatsächlich lässt man ihn dort kleben und unangetastet, vielleicht aus Abscheu, vielleicht aus Barmherzigkeit. Übrigens bleibt die Seele der Schaumgeburt, die Mitte des Schäumens ganz unberührt dabei: Der Schaumschläger ist immer bei sich, ihn reißt ja nichts anderes hin. Die Kälte, womit der Schaumschläger seine Erregungen plant, hat nicht ihresgleichen.

Das Erscheinen des Schaumgeborenen unter ernsthaften Philosophen, die ihre Spiele spielen wollen und nun verstört sind vom Spielverderber – das hat etwas Erheiterndes, Lösendes: ein Knabe unter Kindern, ein Ungereifter unter Frühvergreisten; der bleibende Fleck auf der Konferenztischdecke.

Die Selbstironischen

Das ironisch gemeinte Lächeln, Reden, Schreiben bei Philosophen – immer irgendwie verdruckst, behäbig, altherren- oder altjungfernhaft. Woher dies? Die sprichwörtliche Langeweile zumal der sogenannten sokratischen Ironie verdankt sich Absichten, die man allzu deutlich spürt – sie betreffen zunächst nur das Opfer dieser Sprechart. Philosophenironie ist speziell aber gewitztes Sich-Täuschen über die eigene Machtlosigkeit vorm Ironisierten, das man doch als seinesgleichen ansehen möchte; sie hat deshalb etwas leicht Anmaßliches, das sich freilich behende zurücknehmen kann. Immerhin geht es nicht nur um Gegner, sondern auch um Sachen – daher etwas Einschleichendes, Einschmeichelndes, gemäß der Größe der Themen, die der ironische Philosoph vertritt, aufweist, anschneidet; dabei wiederum die keck herausgekehrte Unschuld aus dem Bewusstsein, erwählt zu sein, von klein auf mit dem Allergrößten, zumindest aber großen Worten Umgang zu haben. Unschuld neuerer Jahrhunderte, im Übermaß: Wurde der Philosoph einmal vom Sprech- zum Schreibwesen, kann es vorkommen, dass er im Vorwort und im Nachwort von seiner Ironie im Haupttext spricht, ängstlich nur um *Wirkung* und *Herkunft* seiner Worte. Um ihren *Anteil* am Gesagten kümmert er sich nicht, er lernte ja sprechen, noch ehe ihm die Worte fehlen konnten – was soll ihnen nun noch zustoßen, was zu groß sein für sie? Der Philosoph hat es wörtlich mit unvergleichlich Großem, Ungeheurem eben, zu tun, wie auch manche Kunst, Historie, Gotteslehre. Man sieht jedoch, warum *deren* Ironie viel angemessener, weil aussichtsloser, weniger beliebig, weniger beiseite schielend, da der Übermächtigung durch die Sache geschuldet ist – in sachgerechten Gedichten, Geschichten, Gebeten zappelt man, wendig und kundig, in echter Hilflosigkeit, im Griff einer durch menschliche Stellvertretung oft noch quälenderen Übermacht, wogegen das ironische Sprechen der Philosophen sich behaglich in zugewiesenen Spielräumen räkelt. Das Bewusstsein, für nichts verantwortlich, das heißt durch sich selbst beziehungsweise ‚den Begriff' engagiert zu sein zum Sagen, hebt die philosophische Ironie nicht ins Raffiniertere, Reflektiertere, sondern ins Triviale und Banausische; mit den Jahrhunderten wächst sich die ironische Selbstanstimmung zur Pflicht- und Mehrheitsübung aus, weil Druck des Wortes und Verantwortung vor den Hörern stetig sinken. Die Ironie der Philosophen wird am Ende ganz sachlich.

Penetrante Sachlichkeit ist Signum der Langweiler auf *allen* Lebensgebieten; was erzwingt und bestimmt spezifisch die Langeweile der Philosophen-Ironie? Ihre Pflichtschuldigkeit, Beflissenheit, Sachlichkeit rechtfertigen eine *Sentimentalität*: Sentimentale Leute wissen, dass ihre Bedürfnisse oder Angewohnheiten als absolut gelten, zum Beispiel weil sie als natürliche, menschliche, kulturelle unvermeidbar sind. Sie passieren dann unbesehen, das philosophische Absolutheitsgefühl bleibt unangetastet. Unter solchen Bedingungen lässt sich vom Wahren-Guten-Schönen reden wie von Mittwoch-Donnerstag-Freitag; zwischen Anmaßung und Demutsgeste entsteht aber die ironische Verlegenheit beziehungsweise Verdruckstheit, die sich im Besitz heimlicher Freuden weiß, von denen schamhaft-andeutungsvoll zu seufzen ist. Es sind die großen Worte, vor denen die Philosophen-Ironie auffallsüchtig auf- und abspaziert, auf dass jemand Interesse zeige an der kurzen Enthüllung der dadurch verdeckten Sachen. Doch ist damit die Geschichte nicht abgetan. Die Philosophen fühlen oder wissen sich ja *allein* mit diesen Worten, von allen Göttern, Wissenschaften und Künsten verlassen; wenn sie dem Kitzel und der Gefahr des Begriffsspiels opfern, müssen sie dabei ihr eigenes Publikum abgeben. Wendete sich so die Ironie zur Selbstironie?

Die Rede von der eigenen, dringlich gewordenen, zum Glück reichlich verfügbaren Ironie gehört zum guten Ton im Geistesbeamtentum, der Glaube ans Talent zur Selbstironie aber bildet erst den typischen Gesang der philosophischen Existenz. Er könnte eigentlich, da man doch als Philosoph immer ‚selbst' singt und denkt und damit bei ‚sich selbst' ist, stumm sein, das ist er aber nicht. Nicht nur der Philosoph, bald die ganze gelehrte Mittelklasse hat ihn in gut gepolsterten Ländern und Zeiten angestimmt; woher diese Verbreitung?

Hört man genauer hin, dann findet man, dass die Selbstironie beziehungsweise die allfällige Rede davon nicht eine bloße Steigerung der Ironie oder des Glaubens an die Fähigkeit dazu sein will. Ironie, im Wort- und Ursprungssinne ja Verstellung, Heuchelei, braucht noch den dritten Mann, appelliert ans Publikum, das es besser weiß. Wo sie spricht, schielt sie immer ein bisschen nach dort; Ironiker sitzen etwas schräg auf dem Podium, ihre

Hälse sind von einseitiger Beweglichkeit in Richtung fälligen Beifalls. Das Heucheln der Ironie ist, einen Geist (vielleicht nur ein Idol davon) vorzugeben, zu dem man sich bekennen muss; in ihrer frühen, sokratischen Form ist eironeia Bekenntnislockung, ja Gesinnungsprüfertum angesichts des Unsichtbaren. Die *Umkehrung* davon wäre Zynismus, schamloser Geistverzicht, ausgestellte Dummheit beispielsweise im besseren Bewusstsein der Macht. Was aber kann Selbstironie sein? Auch ein Zynismus vielleicht, aber einer, der argloser ist, weil er sich für reflektierter als das gemeine Ironikervolk hält, weil er es mit vertreten muss: Der Philosoph als Selbstironiker hat den dritten Mann eingespart, das Publikum, die Mitlacher und Mitwisser; er lächelt stellvertretend für diese, in sich hinein; er weiß sich allvermögend in seiner Einsamkeit; er träumt sich als die souveräne Macht in einer heiteren Laune; er gerät in Übermut – er wünscht sich der Macht übereignet und fühlt sich schon als ihr Lächeln. Der Philosoph, der aus den Eingeweiden der Macht heraus lächelt, dünkt sich von dem ohnmächtigen Zynismus außerhalb der Macht endlich befördert zu souveräner Selbstironie in ihrer Mitte.

Dem selbstironischen Zynismus entspricht nämlich ein ausgeprägtes Ohnmachtsbewusstsein. Man spricht, wie in zynischen Verhältnissen überhaupt, ohne Publikum, das als Beifallsspender oder Kontrollmacht in Frage käme – das es also irgendwie besser wüsste. Der Selbstironiker weiß sich dem Mächtigen direkt gegenüber, weiß ihn in der Regel als den Dummen oder Dümmeren. Eine Kultur selbstironischen Sprechens bezeugt die Ubiquität der Verachtung, nach allen Richtungen: Man verkleinert sich, um ermächtigen zu können, man glaubt dabei fest (und unschuldig) an die Fähigkeit, vom eigenen Geistverzicht noch ein Bewusstsein haben zu können. Dieses muss sich andauernd loszuwerden trachten – daher die Maßlosigkeit und das endlose eunuchische Gekicher in der selbstironischen Rede (es ist ein Kommentar-Lachen zu verlorener Potenz, das Lachen eines Lachens sozusagen, Erinnerungsgelächter).

Während der Geistverrat durch *Ironie* an konkrete Anlässe und Vorteile gebunden ist, die man in der Tasche weiß, ehe man ihren Wert enthüllt und genießt in gespieltem Erstaunen, nutzbarer Selbstverkleinerung, sind den Unterwerfungen des Selbstironischen keine Grenzen gesetzt; die Stummheit und Dummheit der je maßgeblichen Macht bedingt das endlose, darin aber auch genusslose Wuchern der Selbstironie.

Einige Unterschiede gibt es. In den *Despotien* des Geistes wie Ungeistes schielt das Einauge der Ironie nach den Nachbarn seiner Erniedrigung, mit denen man den ganzen Überbau (nichts anderes will ja Macht dort sein) zum Einsturz bringen kann. Hierfür ist brutale Erniedrigung durch die Macht in spielerische Selbsterniedrigung vor ihr zu wenden, indem man die Macht heuchlerisch erhöht und vereinzelt, ihr allein Geist und ihr alles Recht zubilligt ... das der Despot ja durch Geburtsvorzug oder von Gründertagen her in der Tasche haben will. In den intellektuellen *Demokratien* sind, trotz aller Kälteklage, die Verhältnisse intimer, jeder hat hier seinen persönlichen Erniedriger, einen anderen Mächtigen vor der Nase, der in privater Ausschließlichkeit herrscht, das heißt vom Blick und besseren Wissen des Nebenmanns trennt. Man ist (tut, denkt) hier das, wozu einen dieser Privat-Mächtige zwingt und niemand sonst, dadurch fällt alle Scham und droht völliges Versinken im gefundenen Nist- und Brutplatz; dem Verhältnis der souveränen Auslieferung an diesen Lebensort liegt eine souveräne, eine Selbst-Erniedrigung zugrunde, denn man bringt sich als ganze Person dort dar und nicht nur – wie in Despotien – in abgeforderten Teilen. Im Geistigen entspricht der Selbsterniedrigung die Selbstironie, scheinbar als einziger Weg der Selbst-Behauptung des Geistes, tatsächlich aber bloß als unaufhörliche Verleugnung des Faktischen dieser Erniedrigung – und darin ihrer Steigerung. Man will nicht sein, was man ist: Brotredner, Gesinnungsmund, Instrumentalgeist; man will sich nur *herabgelassen* haben in diese Tiefe des Fatalfaktischen – doch aus welcher Höhe? Aus der Höhe des Potenziellen, des „ich bin, was ich kann"; der Geistesarbeiter geht in keiner seiner Sachen auf, das ist seine Ethik: „Ein Geistesarbeiter macht sich mit keiner Sache gemein, auch nicht mit einer guten" – weil er eben mit *jeder* Sache sich gemein machen können muss, nicht nur ‚vom Fache' sein darf. Der Geistesarbeiter wird zum Generalvertreter. So scheint der Philosoph der Prototyp aller Geistesarbeiter, seine Selbstironie das demokratische Urbild der Selbsterniedrigung.

Die *Selbstironie der Philosophen* ist also alles andere als eine reflexive Brechung der selbstgefälligen, verstellt naiv sprechenden philosophischen Ironie; sie ist im Gegenteil bloß gesteigerte, vor sich selbst verleugnete Naivität des ironischen Überlegenheitsgefühls. Mit der selbstironischen Attitüde hat sich die Lage des Philosophen nämlich um nichts geändert, er ist so ohnmächtig wie je, will es nur eben, im Unterschied zu anderen Leuten, nicht einsehen. In allen nicht-philosophischen Berufsständen und Lebenslagen zeigt Selbstironie eine Rückwendung oder Umkehrung an, zumindest den Versuch eines Ausgleichs gegenüber den Überhebungen der Ironie. Diese lässt ja stets an den Ernst der eigenen Person glauben, sobald sie nur ironisch die Rolle einer anderen ans Licht ziehen kann. Die Selbstironie dagegen weiß um die Rolle der eigenen Person. Ihren Ernst – der auch den Ernst jeder speziellen, das heißt nicht-philosophischen Geistesarbeit bildet – gibt sie zur Entblößung frei. Die Redlichkeit der Freigabe muss sich darin zeigen, dass weder in der Person noch in der Rolle ein Exil des Ernstes vorbehalten ist. Der andere, das Publikum, muss wählen können, was ihm lächerlich scheinen solle. Also bestünde Selbstironie, wenn redlich und vollständig, gerade in der Gleichsetzung von Person und Rolle. Ganz anders verfährt die Selbstironie der Philosophen, die Selbstironie als intellektuelle Lebensform. Sie hält ihren – vorgeblich aus sokratischer Verstelltheit ererbten – Anspruch aufs Besserwissen aufrecht, ihre Rolle, ohne in dieser aufgehen, das heißt für sie einstehen zu wollen. Geht das verstellte Sprechen fehl oder ins Leere, fällt alle Lächerlichkeit auf die Rolle, das Sprechen – und der Philosoph denkt von sich selbst, was er will. Die philosophisch-professionelle Selbstironie nutzt die Macht, die jeder intellektuellen Rolle innewohnt – nämlich machtlos Macht zeigen zu dürfen, ohne dafür sogleich mit dem Dasein bezahlen zu müssen –, zur Aufgabe aller Ansprüche. Bis auf den der Macht. So entsteht das gewisse Schmunzeln, Händereiben in der Stille, Grinsen in den eigenen Abgrund hinein und über die Arglosen umher, die eine Rolle und ihre Ansprüche ernster nahmen als man selbst. Selbstironie ist demütig im Geiste und dreist im Dasein, sie ist der intellektuelle Stil dessen, der an seinem Sessel klebt, als wäre er in Gestühllandschaften schon geboren. In der Selbstironie entsteht aus dem Philosophen eine ironische Existenz, welcher alle Ironie dazu dienen muss, das Ausmaß der eigenen Demütigung zu unterschätzen.

Die Selbstironie der Philosophen gedeiht in einer Welt, die von Mächten randvoll ist, entspricht also der Hypothese eines pluralistischen Universums, wo sich die Unterwerfungsbereitschaft des Geistes ins Prinzipielle, Unbesehene, Unbefohlene, Selbsttätige wendet. Am weitesten entfernt ist die philosophische Selbstironie von der Selbst*relativierung* oder auch nur der Fähigkeit dazu. Niemand nimmt sich ernster, als wer sich Ironie bezüglich der eigenen Person attestierte – die gleiche Beflissenheit findet man in den Unterwerfungen der Selbstironiker und in den Verkündungen ihrer Selbstironie. Der Selbstironische weiß, dass er außerhalb seiner Unterwerfung kein Dasein hat; ein Philosoph zumal empfände es als vernichtend, wenn er anderes sein sollte als Philosoph ...

Die Sterbekünstler

Was haben Philosophen nicht alles zu einem *Recht* herabsetzen wollen: das Leben, die Freiheit, selbst den Tod ... Am unerträglichsten ist das Gestammel der Philosophen über den Tod und besonders das über den selbstgemachten. Wenn man ihn aus der Ferne und dann aus der Nähe erlebt hat, wenn er einem endlich so dicht auf der Person sitzt, dass man kaum zu atmen wagt, dann hält man das Plazet der Philosophen nicht aus, die einem den letzten Schnitt ans Herz legen wie einen Artikel in den Einkaufskorb. Diese Anmaßung der Philosophen, dem Menschen seinen Tod zu *erlauben* – nur vergleichbar ihrem Hochmut, einen toten Denker zu *loben*.

Quälender als die Ergüsse der Philosophen über den Tod sind nur jene über die Liebe. Allerdings kommt hier als Entschuldigung in Betracht, dass sie dadurch das Feld freigehalten, weil die Minderbegabten für sich gewonnen haben. Merkwürdig ist, dass sich der Eifer des Verbietens und Erlaubens nicht beruhigt mit den Jahren. Darin bewähren nun Philosophen, denen man ja privilegierte Nähe zur Sterbekunst nachsagt, tatsächlich die einst verheißene Welt- und Wirklichkeitsferne. Die philosophischen Sterbekünstler – abnorm redselig zum Tode gerade im Alter, auch in der Krankheit. Das fällt aus der üblichen Ordnung der Jahre: Da man sich in der *Jugend* ohnehin in abstrakten Überlegungen gefällt, ist hier das Schwafeln vom *Tod* ganz naheliegend und natürlich; *Alter und Erfahrung* erst bringen einen zum Schweigen – zu diesem Dialog mit der *Krankheit*, dem einzigen, in dem eine Seite immer was zu sagen hat.

Die philosophischen Sterbekünstler haben durch ihre morbiden Monologe gewiss manchem Verzweifelten die Zeit längergemacht als erträglich, ja, zu unerwartetem Überlegenheitsgefühl verholfen: Verbote des Selbstmords wirken Mitleid erweckend, Erlaubnisse nicht einmal das. Immerhin trauen letztere sich zu, dem Willigen wertvolle Zeit abzutrotzen, damit er nicht ohne die Ölung durchs Argument verdufte; so mancher findet vielleicht gar nicht mehr den Weg zurück von der Verblasenheit philosophischer Deduktion zu den Evidenzen der Verzweiflung. Welchem Selbstabschaffer wäre nicht schon die Lust zum Nichts vergangen, als er von „rationalen Motiven des Freitods" las?

Die Philosophen-Anmaßung, die intimste aller Zuwendungen zu sich, die Selbsttötung, mit Gründe-Gerede zu durchschneiden, sich zwischen Mensch und Tod dreinzulegen und begriffstüchtig aufzublähen – sie tut universell und macht doch *einen* Unterschied: Während um Tötung aus Leibesschwäche oder Leibesschmerz mit Philosophen nicht lange gefeilscht werden muss, sind dieselben Philosophen ganz unversöhnlich vorm Seelenleid, das sie durchweg zur Geisteskrankheit oder zur Willensschwäche erklären. Kein Philosoph respektierte das *Eigenrecht der Verzweiflung*, kaum ein Philosoph lebt ja, der sich ihr je ausgesetzt hätte. Doch ist diese Inkompetenz, wenn auch philosophentypisch, nichts weniger als ehrlich, einfältig, aus eigengewebtem Stoff: ‚Willensschwäche oder Geisteskrankheit' – die Alternative lässt keinen Zweifel, woher hier der Wind weht, nämlich aus den Kirchen oder den Krankenhäusern. Das *philosophische Versagen vor der Verzweiflung* enthüllt die Philosophenrolle als etwas, das keine eigene Bühne, keine echte Herkunft hat; ein Falsch- und Zwischenspiel zwischen Medizinmännern und Medizin.

Die Lächerlichkeitsvermeider

Die Anstrengung, sich nicht lächerlich zu machen, kann zur Leidenschaft werden ... was sage ich, zur Theorie der Leidenschaften! Dem philosophischen Blick erscheint die Lächerlichkeit überall, nämlich als Mangel an Rechtfertigung, an Vorzeigbarkeit, an Aussicht auf Repräsentation. Menschen und Dinge stehen in ahnungsloser Autonomie in Zeit und Raum, sie sind irgendwo erst noch einzufügen, vielleicht auch als Repräsentanten eines Höheren, Größeren oder Großganzen. Der philosophische Kampf gegen die Lächerlichkeit entspringt einem durchgehenden Gefühl von Unangemessenheit, von Disproportion zwischen dem silbrigen, flunkernden Zappeln der Geschöpfe und dem festen Bau, der ihr Element – sei's Wasser, sei's Luft, sei's Sinn – zusammenhält. Gefangengehaltenes oder freigelassen-gefährdetes Geschöpf, Ordnungsleben oder Freiheitsliebe – eine andere Alternative kennt der Philosoph nicht. Er hat es, als *Geistesarbeiter* (siehe oben), am eigenen Leibe erfahren, wie schnell man sich lächerlich macht, wenn man geistige Eigenart von fremdem Fleisch ernährt wissen will; man muss sich da ausschleudern lassen in die Schamlosigkeit pflichtlosen Geisteslebens oder einfügen in die Verschämtheiten der Arbeitsteilung.

Der philosophischen Tätigkeit liegt meist ein unterdrückter Sinn fürs Lächerliche zugrunde, das sich am eigenen Sein wie an den Geltungen in der Welt aufweisen ließe. Philosophieren heißt darum zunächst und zumeist – um es recht philosophisch zu sagen –, die Lächerlichkeit zu vermeiden, ohne sie zu entkräften; es kommt in solchem empfindlichen Gleichgewicht aus dem, was in der Welt gilt und dem, was der Philosoph ist, nicht zur *Begegnung* mit der Lächerlichkeit. Sie ist freilich kaum zu umgehen, wenn Dasein bedeutet, sich geltend zu machen und wenn andererseits Mächte in der Welt wüten, die schamlos ihren Geltungen voraus sind. Die Lächerlichkeit wird bei solcher Sachlage zur Epochensignatur, zum Epochenapriori, dem auch alle Begegnungen innerhalb der Epoche unterstehen: Was immer Eigenleben behaupten will, muss sich geltend machen gegenüber einem Sein, das ihm davonzulaufen scheint, um es oft genug dann hinterrücks anzufallen. Deshalb scheint das philosophische Bewusstsein der bevorzugte Ereignisort von Lächerlichkeitserfahrung und -verhinderung, denn der Philosoph ist ja der Sachwalter der Geltungen schlechthin. Wie kann er sich, bei solcher Sachlage davoneilender und überrumpelnder Gewalten, selbst zur Geltung bringen? Ein Großteil der philosophischen Beflissenheit besteht nur noch darin, die eigene Lächerlichkeit zu vermeiden, vergleichbar dem technischen Fortschritt, der fast ausschließlich mit den Folgen des technischen Fortschritts zu kämpfen hat. Die philosophische Begegnung mit der Welt ist nun eine Begegnung mit dem *Ungeheuren* darin geworden, das alles zuschanden, im Geistigen: lächerlich werden lässt; aus Furcht vor der Lächerlichkeit suchen Philosophen sich in die Ungeheuer zu verwandeln, denen sie längst zur Belustigung dienen müssen. Denn die Ungeheuer der Macht, des Fortschritts, des Wachstums, des Konsums usw. belustigen sich an der Ernsthaftigkeit der Philosophen. Das philosophische Herumhüpfen und

Herumirren um die rasende, schnurgerade Ziellosigkeit des Ungeheuren belustigt dieses, wie einst die feudal und klerikal installierten Gewalten am periodischen Hüpfen des Narren oder am festgestellten Denken des Scholastikers sich verlustiert haben mochten. Das neuzeitliche Ungeheure bedarf solcher zeitlos wirkenden Installationen nicht mehr, es weiß sich als pünktliches Verhängnis, als Unvermeidliches. Dem Unvermeidlichen vorauszueilen mit Verkündigung oder Apologie, um für seinen Ursprung oder wenigstens seinen Segen gehalten zu werden, muss den Ehrgeiz jedes Philosophen bilden, dem vor der reinen Lächerlichkeit graut.

Wenige sind, zu Zeiten des losgelassenen Ungeheuren, mehr von der Macht der Lächerlichkeit und der Ohnmacht des Ernstes bedrückt als die Philosophen; Philosophieren ist jetzt Lächerlichkeitsvermeidung. Die philosophische Tätigkeit wirkt unter diesem Druck und dieser Angst flatterhaft, ein ständiges Ermächtigen und Entmächtigen ihrer selbst; sie darf sich nicht zu klein und nicht zu groß ansetzen neben der Macht des Unvermeidlichen. Philosophieren unterm Stern der Lächerlichkeit ist Ausmessen des Gegenstands, nicht mehr Erfülltheit oder Entsetztheit von ihm, dieses Ausmessen stellt die Philosophen neben ihren Gegenstand, von dem sie, in komischer Mimesis seiner Ungeheuerlichkeit, auf und ab springen, ein vermessenes Abmessen des Unermesslichen. Die geistigen Mühen zur Vermeidung der Lächerlichkeit, so könnte man sagen, ersetzen das Denken, das auf die Erfahrung eines Unvermeidlichen antwortete. Das Philosophieren im Bewusstsein eines Unvermeidlichen findet hiermit seinen Platz in einer ihrerseits so ungeheuren wie unwiderruflichen Bewegung, nämlich hin zu indirekten Verhältnissen. So wie in der Neuzeit überhaupt das direkte, das unberedete, nicht berichtete Fühlen als lächerlich gilt, wäre es bald auch das Denken; vor der Lächerlichkeit eines vergeblich gegen Ungeheures anrennenden Denkens bewahrt man sich durch den *Bericht* davon: Die Philosophen berichten von einer Begegnung mit Ungeheurem, die nicht lächerlich war, sie schreiben, reden, träumen vom *Denken*, von den *Denkern*. Dabei sind durchaus heitere Gesichter, erleichterte Gesten möglich – man hat Leute vor Augen im Angesicht eines gealterten Ungeheuers, einer vergangenen Ungeheuerlichkeit; das wirkt immer lockernd.

Die Furcht vor der Lächerlichkeit und die Sorge um den eigenen Ernst entsprechen einer untragischen Gesamtlage, der Situation von welchen, die am Boden geblieben sind gegenüber einem entfesselten, rasch aufsteigenden Ungeheuren. Der Tragische (wie der Tragiker) erholte und erheiterte sich satirisch, am herabstufenden, herabstoßenden Lachen, er hatte genug Höhe, um auch selbst mit Würde zu fallen. Im Weltalter der Lächerlichkeit dagegen: ein furchtbarer Ernst, sich nicht lächerlich zu machen, Lachen und Fall eine Sache von Millimetermaßen, alle Späße funktional festgeschraubt. Man denke nur an den festen Ort des Witzes, des Späßchens in höher- und hochschulischen Reden, Werken, Vorträgen! Die Philosophen sind hier aber Fraktion einer Gesamtbewegung – die Vermeidung des Denkens durch den Bericht davon mit Heiterkeitspräludium ist nicht spezifisch philosophisch.

Das spezifisch Philosophische ist die Angst, mit einem Philosophen verwechselt zu werden, eben mit einem von Lächerlichkeit bedrohten Wesen; Angst, ein Philosoph zu sein und nichts sonst. Es ist etwas wie Scham des Geistes, aber verunklärt durch den Abweis seiner Ohnmacht. Man weiß ja, wie so etwas aussieht neben der Macht, man kann nicht sein, was man kennt. Es ist klar, dass die Angst, sich lächerlich zu machen, jegliche sogenannte Größe des Gedankens, also ,denkerische Leistungen' und dergleichen ausschließt; dennoch ist sie eigentümlich produktiv. Die indirekte Redeweise, das angstkluge Umgehen der Lächerlichkeit, macht sogar ungeheuer produktiv. Sie verarbeitet den Gedanken oder arbeitet ihn aus, umreißt ihr Arbeitsfeld durch die Maßstäbe von Seinlassen und Zur-Geltung-Bringen, von *Klassifikation* und *Gesinnungskraft*. Die maßgeblichen, das heißt hör- und sichtbaren Philosophen unterm Stern der Lächerlichkeitsvermeidung stehen immer in dieser Doppelbeschäftigung von Aufsammeln und Auswerten, stehen in der festen Doppelsicherheit aus Reportage und Bekenntnis. Wohlwollender Rückblick auf die kleinen Lächerlichkeiten des Historisch-Kontingenten, anhebende Rede des Ernstes vom ,rationalen Kern'.

In der selbstverordneten Schutzhaft des Ernstes, im Ausschluss der Lächerlichkeit verlautbaren gerade die Extreme und nur sie. Die Aufgabe der Synthese, die Philosophen-Aufgabe schlechthin, ist damit durchaus anerkannt, nur ist es eben eine kaltgeleimte Synthese, eine aus pünktlicher Exaltation und ausuferndem Ordnungssinn. *Gesinnungskampf und Wissensdienst* – das ist Lächerlichkeitsvermeidung durch Ernstbeförderung, ein Extrem ausgehaltener, verborgener Lächerlichkeit, ein Leben auf der epochalen Höhe des Lächerlichen. In solchem Wind zu flattern ist – Professionalität, und allein der Professionelle, der Ernsthafte von Beruf vermag es, sich von der Verpflichtung des Ernstes periodisch zu dispensieren, der Welt seinen Jocus darzureichen *(Heraklit zum Schmunzeln, Hegel zum Vergnügen)*, die Flagge des Ernstes auf Halbmast zu setzen, gewissermaßen.

Die Angstbereiten

Was einen Geist unter die Philosophen gehen und dort verschwinden lässt, ist eine unbestimmte Furcht vor der Welt, vor ihrer Wirklichkeit oder Unwirklichkeit. Diese Furcht fällt allgemein in die Zeit vor dem ersten Zahlungsverkehr mit der Welt. Der Umgang mit Geld macht Ängste und ihren Luxus dann bezifferbar. Philosoph wird und bleibt, wer auf regelmäßige Zahlungen vertrauen kann – oder von Anbeginn seinen Sold empfing. Hierher gehört zum Beispiel die cartesische Angst und Versorgtheit: anständigerweise beginnt jemand zu philosophieren – sich zu fürchten –, erst *nachdem* er seinen Sold erhalten hat. Es ist das Zeitalter beginnenden Anstands auch in den Künsten und Wissenschaften: man schafft bei Hofe, in stabilen Verhältnissen. Diese Anständigkeit, aus einem Vertrauen in sorge- und furchtbannende Instanzen, muss jedermann sofort und für gewisse Dauer überzeugen. Die Vertrauensseligkeit, die man an den Philosophengemütern und – in ihrem Dunstkreis – schließlich an sich selbst bemerkt, ist aber auch, was von den Philosophen-Ängsten wieder wegtreibt. Die philosophischen Ängste um die Welt-Beschaffenheit wirken luxuriös und bedingt, weil ihr Vertrauen in das Angstermöglichende, Daseinerhaltende nicht mehr furchtlos, sondern nur noch blind ist. Es wirkt unanständig, sich seine Ängste bezahlen zu lassen, doch vor allem zeugt es von wenig Vertrauen in ihren Wert. Der ehrlich durch irgendwas Bekümmerte findet die Ängste der Philosophen kaum ansteckend, er findet sie schamlos, ungeprüft, schillernd zwischen teuer bezahlter

Furchtlosigkeit und unerlaubter Zutraulichkeit; Grund genug, sie nicht zu teilen.

II

Porträts

Der Unschuldskain

Als echten Bukoliker findet man den Unschuldskain zumeist in ländlicher Gegend, darin wieder vornehmlich in
Gärten. Idyllisch muss es darum noch lange nicht zuge-
hen dort. Der erste seiner Art scheute die Arbeit noch,
wusste aber auch nicht die *Freuden des Gartens* zu schätzen; sein Sohn, ein echter Bauer und Namengeber der
Sorte, war dagegen zu einem Furor verdammt, dem nach-
einander die Hütten, Dörfer, Städte, Reiche, Akademien
und schließlich die Philosophen entsprangen, kurz: was
man so *Weltgeschichte* nennt. Gartenschulen und Garten-
menschen bildeten verstreute Ruheorte in dieser Arbeits-
landschaft. Der erste ausdrückliche Gartenmensch ver-
sammelte Welt-, Lebens- und Schuldmüdigkeit zu einer
ganzen Schule; Unschuld wurde Gegenstand der Ermah-
nung, ja Ertüchtigung, auf alles zu wenden („unschuldig
sein wie ein Gleichmütiger"), doch blieb der weltge-
schichtliche Furor dabei unangetastet. Ein anderer Gartenmensch spazierte mit seiner Herrscherin zwischen
lauter Hecken- und Rabattengeometrie auf und ab, plau-
derte von Natur und Gnade in der Sommerluft und mit
manchem Falter auf der Nase, während in anderen Kopf-
regionen sich bereits wer weiß was für Ungeheuerlichkeiten formten, weltvermessende Apparate und Mathetiken,
Rechenmaschinen ...

Wie sprang der Furor aus den Gärten?

Anders gefragt: Wie war der Kain Philosoph, wie ver-
ließ die Arbeit ihren Acker, wie entfloh das Denken der
Subsistenz und wurde Industrie? Wie fanden Unschuld

und Unheil zu der wachstumsfrohen Mischung, die philosophisch heißen darf? Man kann hier absehen von der Möglichkeit, dass einer schon intellektuell schuldig ist, wenn er zu den Philosophen kommt – also etwa einen Sprachfehler pflegt oder um seine Untalente zu den exakten Wissenschaften weiß oder gern ungefragt antwortet –, denn solche Schuld schließt doch das Bewusstsein ein, aus eigener Kraft Unheil erregen gleichwie vermeiden zu können. Auszuschließen ist weiter, dass einer schon allerlei Unheil gesehen hat und zu den Philosophen kommt, um es zu bessern oder zu zähmen – so einer bleibt unschuldig. So bleibt nur der allem Unheil unwissend Aufgeschlossene, der arg- und ahnungslose Sohn des Landmanns, der in der Stadt was Rechtes lernen will, ins Philosophieren und seine Wolken wie in eine Wissenschaft hineinwächst und, weil er sonst keine Wissenschaft kennt, die vollendete Unschuld gewinnt und das perfekte Unheil anrichtet, ganz wie der Fachmann, von dem es heißt, er sei in *diesem* Fache so nützlich, weil für *jedes* zu gebrauchen. Der Unschuldskain hat aber kein Fach, er treibt keine Wissenschaft oder treibt doch wenigstens über sie hinaus, ihn interessiert prinzipiell, was sich nicht mehr verantworten lässt. Da kann jeder mitreden, da herrscht vollendete Unschuld, die Unschuld des Ungeheuerlichen, der selbstgezogenen und doch unausdenkbar hoch hinausschießenden Überschüsse, die Unschuld dessen, was hereinbricht wie ein Segen oder ein Verhängnis. Der Unschuldskain geht ihm voraus, er spricht als Philosoph, sein Geschlecht übernimmt das Unverantwortbare, es versetzt sich in Rage und Gage dafür – es engagiert sich ...

Der Ermächtigungsfloh

Im Pelz der Macht (oder was jeweils dafür gilt) sitzt der Ermächtigungsfloh. Sein Name kann leicht irreleiten, denn gewöhnlich erreicht er Menschengröße, überragende mitunter. Zu den Flöhen zählt man ihn, weil er von einem Pelz in den nächsten springt. Dabei ist er jedoch alles andere als schmutzig, zudringlich, blutsaugerisch, im Gegenteil: Typisch für ihn ist ein frisch gewaschenes, joviales Wesen. Am liebsten nämlich sticht und saugt er nicht etwa, sondern lässt leben, lässt machen, ermächtigt – die Macht.

Was hat er nicht schon alles leben und machen lassen! In der Vorzeit soll er sich in der Nähe zottiger Ungeheuer aufgehalten haben, denen er ihre Haarpracht ausdrücklich gönnte. (Deduktionen eines natürlichen Rechts darauf hat man von Höhlenwänden entziffert.) Das ist lange vergessen. Viele Jahrhunderte wurde der Ermächtigungsfloh in zoologischen und öffentlichen Gärten gehalten. Er gehört zu den wenigen Großinsekten, die auf Einsamkeit bestehen und die erst in Käfigen ihre Eigenart ungestört entfalten. Eine Zeitlang begnügte man sich in den europäischen und kleinasiatischen Herrscherstädten damit, die Ermächtigungsflöhe in eigens ihrer Größe (Ermächtigungsmaß) angepassten Käfigen zu halten, woran kleine Tafeln befestigt waren, die ihre bedeutendsten Ermächtigungsakte vermerkten. In der Zeit der englischen Gärten liebte man den Floh in natürlicher Aktion zu sehen, man sperrte ihn darum je mit einem größeren, mächtigeren Tier zusammen. Besucher reizten und beschimpften das (oft äußerst geruhsame, gemütvolle, wenn nicht gar eingeschlafene) Großtier, da sprang der Floh herbei und – ließ es leben und aufleben. So auch später im Freien. Der Ermächtigungsfloh stellt sich vor etwas, das er für groß hält, und beginnt, es zu loben. Man bemerkt schließlich den lebhaft hüpfenden Punkt, speit nach ihm im Vorübergehen; er springt beiseite, und das Glänzendgroße ist bespieen. Nun beginnt er, bibbernd von Wichtigkeit, seine Schutzrede. Philosophische und politische Macht ziehen ihn gleichermaßen ins Vertrauen, am höchsten springt der Ermächtigungsfloh im Abendland, wo manchmal beide Mächte – so scheint's ihm aus seiner Höhe – in einem Kopf wohnen.

Wohl jeder Ermächtigungsfloh hofft, dass die Großmacht, vor die er sich gestellt hat, mit Spott besprüht werde, seinetwegen. Dann darf er seine sublimen Apologien verfassen. Nach Abschaffung der Käfighaltung, im Weltalter der Individualfreiheit, ist der Ermächtigungsfloh überall im Angebot, nach dem Aussterben der großen Tiere ermächtigt er ihre Kadaver: Er weist auf ihre Größe hin. „Hat man überhaupt einen Begriff davon?" Politisch-philosophisch springt und spricht er jetzt. So gesteht er „einem rationalen *Gottes*begriff" *durchaus* „noch eine Funktion in säkularen Zeiten zu – unter strengen Rationalitätsauflagen natürlich"; oft muss er sich auch, wo der Sinn für Größe verlorenging, schützend vor sterbende und überall auf Erden verfolgte *Welt*mächte stellen (über die Ozeane hinweg wittert er Amerikaverfolger, bis in die Alte Welt wehen die Dünste der Verfolgertiere). Gott, Mensch und Welt sind „neu zu denken", sie mussten so viele Haare lassen, sie wurden so unwirtlich. Auf kahlen Böden, zwischen blassen Halmen, macht der Ermächtigungsfloh sich imperiale Gedanken. Nach reiflicher Überlegung kann er „durchaus einer wohldurchdachten Ausdehnung der Welt zustimmen" – so springt er, in Gedanken, „Von der Not zur Notwendigkeit der Welterweiterung". In seiner knapp bemessenen Muße verfasst er *Pflichtenhefte für Politiker*.

Manchmal ist der Ermächtigungsfloh Prophet, zum Beispiel bei der Ermächtigung des Fortschritts. Dann sagt er voraus, dass nichts passieren werde. Öfter ist er Gedankenarbeiter, dann leistet er die ganze Arbeit des Gedankens für seine Macht – dann lässt er wissen, dass man sich keine Gedanken machen müsse.

Der Ermächtigungsfloh denkt ausdrücklich für Ohnmächtige, darin ist er philosophisch, er entdeckt viel sinkende Macht, darin ist er Historiker, ein kämpferischer. Besonders die unbekannten, ungeschützten Geister haben es ihm angetan. Sie hätten mehr Einfluss verdient. Wenn man ihm vertraut, dann könnte er „einen Zugang eröffnen" zu ihnen. Er erweckt das fast Vergessene mit seinem Lob, sein Lob ist entdeckerisch: „Plato hat in seinen brillanten Dialogen der mittleren Phase manches Bewahrenswerte ...", „Kant, der aus der europäischen Philosophiegeschichte nicht mehr wegzudenken ist ...", „Man muss nicht Hegelianer sein, um würdigen zu können, was Hegel geleistet hat für ..." usw. usf. Fast alle lebenden Philosophen zittern davor, von ihm gelobt zu werden.

Gern spricht er vertraulich von seinen Entdeckungen, fast immer wird er biografisch dabei. Vor allem gilt es, die

Ehemals-Mächtigen und nun Vergessenen dem Publikum nahe zu bringen, ihm die Angst zu nehmen vor vergangener Größe. Da muss er manches Gehütete preisgeben ... zur Entängstigung des Publikums gewährt er Einblicke, wie's daheim bei Hegels oder Heideggers zugeht. Immer voller Wohlwollen für die großen Geister, immer mit einem Schmunzeln für ihre kleinen Schwächen. Wer ließe sich da nicht gern ins Vertrauen ziehen? Seine Freude ist das Entängstigen noch mehr als das Ermächtigen, er erhebt sich nur, um sich herabzulassen, er ist Republikaner des Geistes durch und durch.

Am unglaublichsten findet der Ermächtigungsfloh, dass er ermächtigt sein soll – dass also einst die Macht ohne ihn, ohne Ermächtigung war. Was soll er, der doch seit je an ihrer Quelle saß und vom Blut der Mächtigen nicht mal nippen wollte, dazu sagen? Er hat nichts zu sagen. Genau das ist es, was die Macht hören will, die noch immer zu schamhaft war, um sich selbst zu bejubeln.

Der Inspektorkäfer

Der Inspektorkäfer hat sich im Innern des toten Genies eingerichtet und gibt von dort aus erstaunliche Dinge zu wissen. Kant hatte ein Leben, Descartes einen Körper, Hume einen Alltag – aller Verpuppung im Werk zum Trotz! Wie kam der Käfer ins Genie-Innere, wo kommt er her? Man muss vorab vielleicht ein allgemeines Wort zur Klassifikation sagen. Der Inspektorkäfer ist nämlich sowenig Insekt wie der *Ermächtigungsfloh* (siehe oben). ‚Käfer' bezeichnet nur sein Haftvermögen, nicht seine Fortbewegungsart oder die Häufigkeit seines Vorkommens. Er ist als Einzelner wie als Staatenwesen des Gleitens und Schreitens fähig! Seine Ernährung: Weder Totes noch rundum Gesundes, also nicht Aasfresser noch Parasit. Eher ein Gesundheitspolizist, einer freilich, der sich Zeit lässt, *gelegentlich* nur sich herbeilässt zum Kranken. So wird man sein Auftauchen an philosophischen Leibern und gar an der leibhaftigen Philosophie ganz verschieden beurteilen, je nachdem, ob man sie eher für tot oder für lebendig hält: Nach Meinung der einen ist der Inspektorkäfer dann zur Stelle, wenn irgendwas im Sterben liegt – nach anderer Ansicht wagt er seinen Appetit nur auf Kosten der Gesundheit. So findet man ihn in verendenden Zeitaltern wie im lebensfrischen Gewimmel einer Reformära.

Überall bekannt ist er aber für die Tiefe seines Einblicks. Er gewinnt sie, indem er einen Raum schafft, ausfüllt, mitunter auch lebende Larven aushöhlt. Damit ist schon gesagt, dass es in seinem Wohn- und Wirtsort keinen Platz für andere seinesgleichen geben kann. Das erklärt seinen philosophischen Stil: die Mitteilung von Innerem. Er ist Spezialist fürs Privatleben der Großen. Ein jeder der Großen, so festester Käferglaube, hat seinen – eigenen – Spezialisten verdient, der an ihm wächst: Je nahrhafter die Größe, desto kerniger der Käfer. Mit viel Wohlwollen spricht der Inspektorkäfer von den Eigenheiten der Großen – man hat, bereichert durch Bedenkenswertes aus ihrem Werk, manchen Grund, mit ihnen nachsichtig zu sein. Der Inspektorkäfer ist das großzügigste Wesen, das sich denken lässt. Zugegeben, seine Kinnladen *zerbeißen* unaufhörlich ihm völlig fremden Stoff, aus dem er seine Pillen fürs Publikum formt und ausschießt. Und diese Pillen zerbröckeln allzu bald. Aber in seinem Beißen und Knirschen – ist da nicht auch ein Schmunzeln, ein freundlich-wissendes ... du großartige Leiche, ich lebende Larve, wir verstehen uns doch, oder?

Die Seitenraupe

In den Büchern der Seitenraupe herrscht unerbittliches Gleichmaß des Gedankens, man liest jede Seite mit der gleichen Aufmerksamkeit. Man käme übrigens auch nicht anders voran darin, die Seitenraupe versteht es, ihre Idee als feinen Faden gleichmäßig zu ziehen. Gerät darum die Lektüre schleichend, gar kriechend? Doch die Seitenraupe vermag ja auch den ungeduldigsten Leser einzuwickeln mit dem unausdrücklichen, aber auf jeder Seite greifbaren Versprechen, dass alle Seiten dem Gedankengang gleichermaßen förderlich, dass jede Seite gleichermaßen zum Gedankensitz bestimmt sei, ganz gleich, ob es sich um 130 oder 1030 Sitze handelt. Die Seitenraupe erzieht ihre Leser zum Gleichmaß der Erwartung: Erwartung und Erfüllung verhalten sich auf ihren Seiten zueinander wie Vorder- und Rückseite, in unmerklich feiner Stufung entgeht dem Leser der Punkt, an dem ihm nicht bloß Belehrung versprochen, sondern schon gewährt ist, er schlägt das Buch zu, ist belehrt und weiß nicht wie. Es gibt da Geheimnisse an der Oberfläche, gewiss, etwa die stets gleichlangen, kaum mehr als seitenlangen Kapitel und Abschnitte, die ebenmäßige Häufung des Zitats, die Abschwächung des vorletzten Gedankens zugunsten des letzten, das Ebenmaß der Dankbarkeit gegen alle, deren Gedanken dieses Buch mit auf die Seite nahm. Fast immer muss der Leser glauben, gleich werde auch von ihm in Haupt- oder Nebentext die Rede sein, die Unbefangenheit des Einbezugs, die hohe Gerechtigkeit des Verarbeitens löst den Starrkrampf von Eigentumsanspruch und

-erwartung, Schreiberin und Leser verschwinden beinahe in einem gemeinsamen Kokon des Vertrauens und der Selbstvergessenheit, bedruckte Seiten und gleitende Finger, Buch und Hand verwachsen fast, wie von Engelsspeichel geleimt. Die Seitenraupe verdient und gewinnt das Vollvertrauen ihrer Leser.

Im *Gespräch* ist die Seitenraupe nicht wiederzuerkennen, da stockt sie oder spricht sehr schnell; sie tritt auf der Stelle oder jagt dahin, es fehlt das Vehikel ihres Gedankens: die satzfassende Seite, es fehlen Kleister und Faden, alles, was eine Idee zusammenhält, deshalb das Schwanken zwischen stockendem Sprachzugriff, wortverlegener Intuition, und der Versuchung, den Gang des Gedankens abzukürzen, einzufangen im Überflug. Ohnehin muss, was da ergriffen oder überflogen sein soll, schon vorhanden sein, als Idee, die Seitenraupe vermag es nicht auszudenken. Eine Seite ist ja ein Versprechen der Rückseite, gehört mit dieser zusammen wie Grund und Begründetes, Sein und Schein usw. Ganz unmerklich findet hier das Schreiben zur Peripetie, im aufhellenden Umblättern durch bedachtsam befeuchtete Finger, und wird Gedankengang. Damit soll nicht gesagt sein, dass die Seitenraupe spezialisiert wäre auf ein „Alles hat zwei Seiten", „Nichts ist wahr ohne sein Gegenteil", „Was immer sich sagen lässt, lässt sich auch anders sagen". Sie hat überhaupt keine philosophischen Vorlieben, sie findet sich mit jedem Gedanken, auf jedem Papier zurecht. Ist es übrigens nicht auch *gerecht*, zu jedem Vorder- einen Hintergedanken zu schreiben?

Die Seitenraupe, immer guter Hoffnung auf künftige Wandlung, war die Verzweiflung ihrer Lehrer und wird die Verstörtheit ihrer Schüler sein, der einmaligen Mischung von Feinstrukturblick und Bildnerkraft wegen: Sie entdeckte noch in den wirrsten Einfällen, Auslauten, Hirnblitzen ihrer Meister eine Grammatik, sie zieht mit zäher Gewalt nachwachsendes Lesevolk in den Gallertfluss ihrer Deduktionen, die doch nur *ein* Faktum zu bewegen scheinen – eine Seite klebt da an der anderen, nichts überrascht ... und dennoch, man muss und wird sich hier durcharbeiten!

Die Seitenraupe fühlt sich ganz und gar philosophenwurmig mit diesem Denken und Schreiben aus einem Stück, zu einem Stück, sie tut aber nicht groß deswegen und weiß außerdem, dass sie sich wandeln wird. Irgendwann, wenn alle Welt die Kohärenz und Klebekraft der Dinge begriffen hat, wenn alle Welt philosophisch denkt und niemand mehr philosophisch sein und sprechen und schreiben muss hierfür, wird sie sich herrlich entfalten, wird sie Instrumente, feinste Fühler und Greifer der Spontaneität, der Rezeption ausbilden, von denen jetzt noch nichts zu ahnen ist – sie ahnt derlei Ahnungslosigkeit! Was nach all den Seiten kommt, die sie gewendet und beschrieben hat? Das Buch, das geschlossen ist, gewiss – und mit zwei oder vier Ellenbogen drauf gestützt sie, mit tausendfenstrigen, allempfänglichen Augen links und rechts am Schädel; Aussicht auf einen Aufflug zu unbeschreiblichen Ausblicken.

Der Weltaufschließer

Vor den Grenzen diverser Reiche läuft auf und ab der Weltaufschließer. Was dahinter ist, weiß nur er, er kann und will es aber nicht für sich behalten, kein Mensch trägt solchen Reichtum: des Wissens, der Ordnung, der Maßstäbe. Er lässt es sehen, im Ganzen, er macht sich ganz hohl und weit, auf dass sich ein Durchblick eröffne auf das Weltreich dahinter, er bläht sich, damit fremde Größe sichtbar werde. Das alles geschieht ohne Anstrengung. Ganz leicht schließt er den Bewohnern kleinerer Staaten, magerer Länder das Ungeheure auf: er leert und verdünnt sich fast ins Ätherische, sie gleiten hindurch; Welt, Reich, Weltreich, Weltreich des Wissens, der Weisheit, der Wissenschaft von der Weisheit usw. – all das ist ihnen *erschlossen*. Leichtigkeit, Geöltheit seiner Aufschlüsse – niemals hörte man einen Schlüssel quietschen. Übrigens nimmt er für seine Schließerdienste nicht den kleinsten Lohn, er will ja die Sache dahinter sehen lassen, wie sie ist beziehungsweise sein möchte, wie könnte er dazugehören wollen, wie könnte er von der Sache her reden und nicht ihr zum Munde?

Das war nicht immer so. In jüngeren, ärmeren Jahren, in einem dünner besiedelten Weltteil, noch vor den Jahren des Exils in der reichen Weltgegend, wo die Mächte und Wissenschaften sich nur so drängen, durfte ein Weltaufschließer an eigene Weite und Leere nicht denken, das Land ringsum hatte davon selbst übergenug; man musste, um es durchmessen zu können, klein, fest, hart, ein lebhafter, dem Auge fast entwischender Punkt sein. Es waren dies die Jahre als – seien wir ehrlich: oft unerbetener – Fremdenführer. Kamen die Fremden in sein Land mit den weithin verstreuten Sehenswürdigkeiten, dann folgte der junge Weltaufschließer ihnen, zunächst dezent, fast demütig, im besten Anzug zwar, doch durch seine Haar- und Hautfarbe unschwer als Landeskind zu erkennen. Die Fremden wussten gewöhnlich, was sie sehen wollten in diesem Ausland aus Kultur und Landschaft, doch gab es fast immer einen Moment des Zögerns, der Unsicherheit über die nächste Richtung ihres Interesses. Da sprang der Weltaufschließer herbei, wies hierhin und dorthin, „prachtvoll", „erhaben", „kolossal", die Fremden nickten eingeschüchtert, der Weltaufschließer wich ihnen fortan nicht von der Seite. Muss man noch die ganze Geschichte erzählen, von dem einen, der den Weltaufschließer entdeckte, einlud in seine erste oder zweite Welt und dort zum Philosophen bilden ließ? Sein Naturtalent, so erfuhr der Eingeladene und bald Eingebürgerte, hatte einen Namen: *Eröffnungspotenzial, Erschließungskraft*, nicht jeder – merkwürdig genug, wenn er an die jungen Männer unter der hellen Sonne seiner Heimat dachte! – war damit gesegnet, ein jeder war aber mit dieser Gabe zu beschenken; nichts auf der Welt oder in ihr, das sich nicht erschließen ließe. Und so fiel der Weltaufschließer, nach einer kurzen Phase des Spracherwerbs, der Gestenausmerzung unter den nördlicheren Leuten, wieder in seine alte, katzenhafte Kräfteökonomie zurück, er regte sich nur mehr wieder beim Anblick von Reisenden, von Neugierigen, hier *Aufgeschlossene* genannt. Er ließ alle Studien unvollendet und vergaß die einzelnen Wissenschaften, an die ihn sein

Gönner in privaten Lektionen geführt hatte, er lebte nur wieder dem Augenblick und den Interessenten und dem Aufschluss, den er ihnen, als reinster Theoretiker und unter völligem Trinkgeldverzicht, augenfällig, augenblicklich verschaffte.

Die Betonungsreiche

Der Tag der Betonungsreichen beginnt mit einem prüfenden Blick in die Sonne, die eben aufgegangen ist: Gewiss, sie scheint, sie blendet sogar; es verdient aber doch betont zu werden, dass wir es hier mit dem Zentralgestirn nur *eines* Planetensystems unter möglichen anderen zu tun haben ... es gäbe überhaupt so manches zu sagen hinsichtlich der Bedingungen des Erscheinens. Freilich kann die Betonungsreiche jetzt nicht darauf eingehen, auch nicht auf die hochkomplexen Zusammenhänge der Kanalisation, die sich im Bad, das die Betonungsreiche soeben betreten hat, bündeln; die Betonungsreiche tritt vor den Toilettenspiegel und bringt mit einem Spezialkamm die schmale Haarbürste auf ansonsten kahlem Schädel in Form. Betrachten wir die Betonungsreiche in diesem Moment näher (sie ist schon bekleidet), betrachten wir zum Beispiel diese sonderbare Frisur. Sie trägt das Haar so, seit sie denken kann, sie leidet seit je unbeschreiblich an indifferenter Fülle. Auch im engsten Kreis, im äußeren Umkreis des Gehirns etwa, „gilt es", wie zum elterlichen Erstaunen schon die Zwölfjährige sich ausdrückte, „Akzente zu setzen". Was wüsste man vom *Wesen* des Haares, wenn man seine Wirklichkeit nicht an manchen Orten niederhielte? Das Wesen der Dinge – sie bringt es zum Aufleuchten in seinen Zusammenhängen und gleich wieder zum Verschwinden, sie weiß die Akzente, die Töne, die Werte zu setzen. Eines deutet aufs andere. Da wären weiterhin die kunstvoll gerissenen Löcher in ihren Hosen, die – eines ihrer Lieblingswörter – auf die Ambivalenz der Bekleidung „verweisen". Haar und Hose, zwei – gewiss ungleichartige – Kulturleistungen, die erst *einge-denk* oder *angesichts* des naturhaft Nachdrängenden oder Durchleuchtenden begreiflich werden in der Fülle ihrer Qualitäten.

Schon steht sie fertig da, wohin wird sie sich wenden? Man ahnt ja: Alles ist wichtig, betonbar, gewichtenswert, worauf ihr Augenmerk geht; sie wäre wegen der Beto-nungsfälle, angesichts der Bemerkbarkeitsfülle gar nicht in der Lage, durch die – recht kleine – Stadt ihren Weg zum Arbeitsplatz im *Institut für Wertvermessung* zu finden, und richtig, sie wird abgeholt, ein Institutsgehilfe steht bereit. In früheren Jahrhunderten waren für ihren Typus Helfer bereitgestellt, die Schweinsblasen an Stöckchen schwenkten – mit sanftem Plopp und Stoß waren die Gelehrten zurück ins Reale zu schubsen (prominent: die Climenolen (Klatscher) in Laputa – *Gulliver's Travels III*). Die Betonungsreiche hingegen ist derart im Realen zu Hause, dass ihr ein *Murmler* ins Haus geschickt ist, der ihre Aufmerksamkeit für real Begegnendes herunter-stimmen soll. Das ist schwer genug, in ihr wimmelt es von Wichtigkeiten, die mitzuteilen, ebenso aber auch von Unwichtigkeiten, die beiseitezuschieben sind zur Freile-gung des Dringlichsten, des Betonungswürdigen.

Hören wir nun, was sie beim Gang durch die Fuß-gängerzone verlautbart, ins Ablenkungsgemurmel ihres Begleiters mitten hinein: „Überschätzt", „unterschätzt", „überschätzt", „unterschätzt". Sie ist nicht etwa in Gedan-ken an ihrem Arbeitsort, wo sie als Assistentin des *Über-nietzsche* (siehe unten) an Kartografien der Schätzung arbeitet, in der Abteilung für Relevanz-Atlanten, genauer: in der Unterabteilung für philosophische Verkostung intellektueller Leistungen, Referat *Nietzschedeutung heute*. Sie ist Philosophin, sie wollte nie etwas anderes machen als Aussagen, vor dem Gerichtshof der Werthaltung, am liebsten über andere Philosophen – sie ist aber auch urteilsfähig im Freien, in der Außenwelt ihres Arbeitsplatzes. Der Gang mit der Betonungsreichen durch die Fußgängerzone kann darum zum intellektuellen Abenteuer werden, zunächst einmal mit Blick auf die wiederhergestellte Altstadt, die vorteilhaft die Vergangenheit ihres Landes betont beziehungsweise das Vorteilhafte dieser Vergangenheit, dann aber speziell mit Blick(en) auf jene berühmte Geschäftsstraße – links und rechts, überall gibt es Schätzbares, Bewertbares, Hervorhebenswertes. Man kann freilich nur „benennen", was noch „ferner auszuführen" wäre, man muss „andeuten", was zu sehen „jetzt nicht die Zeit" ist: Schon ist man am Arbeitsort, schon öffnet sich die Tür zu ihrem Arbeitsraum, wie immer fallen ihr verstorbene Philosophen und halbtote Theorien vom Vorabend entgegen, es raschelt wie von Mumienhaut oder Pergamenten um ihre Knie, als sie durch abgelegtes Gedankengut zu ihrem Pult watet. Schnell hatte sie die Tür hinter sich zudrücken müssen, denn es soll ja der Maßstab der Bewertungen nicht verrücken durch Veränderung des Vermessungsfelds; doch die Tür schließt nicht ganz unter dem Andrang des Vermessenswerten, durch einen Spalt hört man den strengen Ton ihres Ordnens, das scharfe Setzen der Akzente – der Betonungen: „Da müsste man von so vielem sprechen ..." – „Ich kann hier nur das Wichtigste hervorheben ..." – „Hier wären sicher Weiterverweise vonnöten ..."

Lugen wir durch diesen Türspalt! Was hat sie da am Kragen, was zappelt da – immer schwächer? Der Farbe nach zu urteilen – aber man täuscht sich leicht beim Laborlicht – irgendeine Theorie von Realität. Schon trifft uns scharf ihr Blick, sticht ins Ohr ihr Wort: „Wirklichkeit ist, was sich sammeln und sichten lässt. In der Isolation verkümmern die Evidenzen. Doch wie mancher im Anschluss an Descartes immer noch glaubt ..." Wie sollte man sich da nicht getroffen fühlen?

Der Gottesaustreiber

Die Arglosigkeit, womit der Gottesaustreiber an seine Freigeisterei glaubt, verschüchtert Gläubige und Gottlose gleichermaßen. Und doch ist es wahr, der Gottesaustreiber glaubt an gar nichts, er ist ja nie aus einem Glauben heraus-, nie in einen Glauben hineingetreten; er hat einen Gott weder von außen noch von innen gesehen. Gerade deshalb muss er ihn überall vermuten.

Zunächst war der Gottesaustreiber gelegentlicher Gast auf Kirchentagen und Oktoberfesten, unter irgendwie, von irgendwas befangenem Volk also; mit unbefangenster kritischer Vernunft entdeckte er da überall „unhinterfragte Voraussetzungen", „naive Annahmen", „nicht geprüfte Beweise". So viele Geister er schon ausgetrieben hat, so wenig hat er doch jemals ans Dasein nur eines davon geglaubt. Auf mancher Kirmes brachte seine Nüchternheit in Glaubenssachen eine ganze Bank Bauern unter den Tisch, die spirituellen Getränke konnten ihm nichts anhaben, dessen Kopf wie Seele massiv und ohne doppelten Boden gebaut. Später fand er nicht nur die Feste und Feiern von *spirits* bevölkert, er fand sogar die ganze Zeit, das ganze Land, jedenfalls die Landkreise um sein Wohn- und Arbeitshaus – von Göttern voll! Der Gottesaustreiber stellt ihnen nun beruflich nach, er ist eine Institution geworden, er braucht bald nicht mehr sein Heim verlassen: Man bringt Dinge und Menschen zu ihm, auf dass er Witterung aufnehme, ob sie nicht etwa unprofan, nonsäkular. Heilige Nüchternheit hat er gelobt, seit er als Jungfreigeist die Wahlpflichtfächer Vernunftkunde und Kritiklehre belegte. Täglich bringt man ihm Sakralsuspektes ins Haus. Er schnüffelt an jeder Theorie, ob ein Gott daraus dünste, schüttelt jegliche Ethik, ob Transzendenz darin klappere, er starrt allen Menschen durchs Auge bis tief in den Seelengrund, ob ein Geist darin hause. Manchmal folgen Gespräche über Geister, niemals über Religion – das bleibt verlorene Mühe; allenfalls über bewegte Tische könnte man reden. All dies an den Vormittagen die Nachmittage sind gefüllt mit Seminaren, derzeit: *Selbstheilung durch kritische Selbstbefragung und Gottesaustreibung.*

Der Gottesaustreiber ist tiefernsten Wesens, wie ein Tier in der Wildnis oder ein Nordamerikaner in der Kirche. Er glaubt an die Gerechtigkeit dieser Welt, er weiß, dass die Welt aus einem Stoff ist, jedenfalls solange man darauf achtgibt. Es ist seiner Weltfrommheit geradezu Hohn und Frevel, gedanklich Lücken in die Schöpfung zu bohren, in die sich Überweltliches senken könnte. Das muss er auffinden. Das muss er verfolgen und austreiben von Grund auf. In jeder Weltgegend kann solcher Betrug am Menschen, Verrat an der Weltschöpfung geschehen. Der Betrug ist, dass etwas sich nicht zeigt, wie es ist, dass es seinen Augenschein verrät, dass es also hervorzuholen ist, dass es hierfür vermutet, erahnt, geglaubt statt gewusst werden musste. Der Gottesaustreiber weiß allzu gut, dass ein Gott nur im Verborgenen wirken kann, ein Gott benötigt für seine Wirksamkeit in dieser – gottlos perfekten – Welt also Agenten. An die hält sich der Gottesaustreiber. Aus ihren dann schnell zusammensackenden Gestalten zieht er den Gott, Geist, Hintersinn, Tiefengrund oder wie die Namen des Verräters am reinen Stoff noch lauten mögen, ans Licht. Acht Stunden am Tag *säkularisiert* der Gottesaustreiber, nicht eingerechnet die seminarfreien Wochenenden! Überall ist ja Gott noch larviert am Werke: in Geschichtsphilosophien, in der Mitleidsethik, im Sozialstaatsdenken, in der Krankenpflege mit offenem Ausgang. Die Zeitgenossen verlachen ihn als Spätling? Er schert sich nicht darum, unverdrossen treibt er die Götter aus. 500 Jahre nach Martin Luthers und 50 Jahre nach Karl Löwiths Thesen säkularisiert er Welt und Geschichte, was das Zeug hält; 2 000 Jahre nach Gottes und 100 Jahre nach Friedrich Nietzsches Tod entdeckt er freilich, dass die protestantischen Pastorensöhne nicht mehr nachwachsen wollen – aus denen sich die tüchtigsten Gottesaustreiber stets rekrutierten. Und die ernsthaftesten! Dieser Ernst bleibt bitter nötig, denn der hinterlistige, versteckflinke Gott ist immer noch stark, der Gottesaustreiber hat ihn auf Kirchentagen gesehen, wie er massig zwischen Sitzkisten, Kaffee-zum-Mitnehmen und „Ich denk', der Glaube bleibt 'ne ganz spannende Geschichte"-Plausch hockte! Der Gottesaustreiber findet die Kirchentage nämlich kein bisschen lächerlich, ebenso wenig wie die elternfreien Wochenenden der Papstpilger; überall dort weht ihm ein schwüles Lüftchen entgegen von Unaufgeklärtheit, von Brünsten, die nicht so rein sind, wie sie sein könnten. Diese harmlosen Atheisten, die sich für Gläubige halten, ahnen gar nicht, wie listig ein unentdecktes Göttliches sie lenkt – nicht wissen die Evangelischen, was sie träg in ihren Diskussionsandachten schunkeln lässt, nicht wissen die Katholischen, was sie in die Kollektivschlafsäcke treibt zu Füßen ihres Hirten.

Nichts davon aber verwirft der Gottesaustreiber! Er will nur, dass die Dinge beim Namen genannt werden. Darum treibt er ja aus den Dingen die verborgenen Götter! Darum scheucht er ja aus allen Winkeln vermummte Transzendenzen hoch! Er treibt aus, um wieder einzusetzen. Dann wird sein Ernst feierlich, ja andächtig: Noch im dritten Jahrtausend hebt er schwerste Gottheiten aus den religionstüchtigen Lücken der Realität – um sie *mit guten Gründen* wieder einzusetzen. Seine Jovialität gegenüber dem alten Christengott zum Beispiel ist sprichwörtlich, er ist, neben den Pfarrern am Kopfende so manchen Sarges, einer der beliebtesten Trauerredner der Gegend! (Die *Gesellschaft für kritische Spiritualität* beansprucht hier seine Dienste.) Der alte Gott ... er mag, fachmännisch geprüft, also aus- und wieder hineingetrieben an seinen Ort, noch so manchem Vernunftschwachen *Halt und Orientierung* zu geben. So ein Gott, rational geprüft und geläutert, getrieben durchs Fegefeuer der Falsifikation – er hat seinen *Wert als Institution*. Sie hält Dinge und Menschen zusammen – indem sie ihrem Zerfall den allervernünftigsten Riegel vorschiebt. Auch ein Gemütsbedürfnis erfüllt ein einziger Gott gründlich und ökonomisch zugleich: Man kann ihn bei sich fühlen und alle anderen Menschen, in solchem Gefühl, gleich mit – kritisch durchtriebene Vernunft weiß um *emotionale Kompetenz*, die ein in Maßen, mit aufgeklärtem Sinn genutztes Gebetbuch verleiht. In einer erkälteten Welt der Kapitalien ist für einen gefühlvollen Gott freilich kaum Platz – umso mehr aber doch an ihrem Beginn: Gott ist, salopp gesprochen, der *Anschubfinanzier* der Schöpfung, der *Initiator* der Prozesse, der

Mutmacher der Evolution. Überrollt diese den Einzelnen zuletzt? Dann muss man seiner Sicherheit Häuser bauen, Gotteshäuser. Ihr Hausherr öffnet jeden Sonntag den Bedrängten, die sich in ihrem Gefühl zusammenfinden, auf den Beginn alles Werdens und aller Werte der Welt besinnen; der da in seinem Haus wartet, gibt noch dem kleinsten Spaziergang Sinn und Ziel; das *Regelmaß* der Gotteshausbesuche meistert die Wucht der Weltprozesse, die auf den Menschen losgelassen (all das ausführlicher in: *Aufklärung und Kritik. Ein Grabwort*).

Institution, Gemütsführer, Regulation, Gründervater – ward vertriebene Autorität je würdiger zurückberufen? Dem Gottesaustreiber will nichts Vergleichbares einfallen, er lässt die Feder sinken; die morgige Grabrede ruht still auf dem abendbesonnten Schreibtisch; im schwarzen Straßenkreuzer macht der Gottesaustreiber einen Ausflug ins Grüne, zur Erholung, in die ungeschaffene Schöpfung. An der Tankstelle zuvor bezahlt er mit der Kritische-Christen-Kredit-Karte, darauf ein Vernunftreligiöser am Kreuz, Erlösergesicht, verdrehte Augen ... ein flüchtiger Blick noch drauf, und der Gott verschwindet im Spalt.

Der Selbsterkenntliche

In seinem langwährenden, langwierigen Leben war der Selbsterkenntliche bereits einmal mit der *Selbstdenkerin* (siehe unten) vermählt, sie war seine Schülerin, er brachte sie auf den Weg, bald hatte man sich aus den Augen verloren: sie immer voller eigener Gedanken, er im harten Dienst der Selbsterkenntnis. Doch begegnete man sich eines Tages wieder, nun im hohen Alter, man legte beiderseits Wert auf deutliches Bekenntnis, so ward die erste Ehe *konfirmiert* in einer Zweitvermählung. Das hatte mehr als biografische, das hat *systematische Bedeutung*, wie der Selbsterkenntliche gern und oft sagt: *Selbsterkenntnis* ist Ursprung und Ziel des *Selbstdenkens*. Bei den Rückblicken, die jetzt anstehen auf ein Leben aus eigenen Gedanken, aus selbstgemachten Erkenntnissen, hat man einander um sich als je Anderes seiner selbst – insbesondere der Selbsterkenntliche kommt leicht ins Erzählen vor Kaminfeuern und einem Wesen wie der Selbstdenkerin, also Weltfreien.

Wie lautet die Geschichte, was geschah ihm im Eigenen seines Lebens? Hören wir einfach auf die – inzwischen veröffentlichten – Autobiografica *(Selbsterkenntnis. Das Prinzip der Persönlichkeit)*, die der Selbsterkenntliche der Selbstdenkerin täglich durchs Hörgewinde, aufs Tastenfeld leitet! Es beginnt mit dem Paragrafen „Selbstpräsentation": „Philosophieren ist Selbsterkenntnis durch Denken. Der Philosoph ist der **Selbstdenker** *par excellence*. Das ist leichter gesagt als verstanden. Bei jedem Denken ist ein Ich mit anwesend. Doch das genügt noch nicht zum Selbstdenken. Also fordert das Selbstdenken ein *profiliertes Selbst*, ein Ich, das sich seiner konstitutiven und situativen *Eigenart* derart bewusst ist, dass sie nur durch unverwechselbar *eigenes* Denken zum Ausdruck gebracht werden kann. *Ich, dieses konkrete Ich*, als das *ich mich selbst* erfahre, muss **meine eigenen** Gedanken zu **meinen eigenen** *Problemen und Zwecken* denken. *Das Philosophieren als Selbstdenken ist somit eine Tätigkeit der ausdrücklich* **selbstbewussten** *Individualität. Wenn es wirklich immer nur der Einzelne ist, der denken kann, dann hat sich der ernsthaft Denkende auch ausdrücklich als Individuum zu präsentieren*, als Persönlichkeit: **Ich selbst und meine Persönlichkeit** – wir gehören zusammen ins Leben."

Wo bleibt da die *Welt*? Die Selbstdenkerin fragt es, und dem Selbsterkenntlichen steigen Erinnerungsbilder zu Kopfe. Eine Jugend unter westfälischem Himmel, immerzu regennass. Man musste den Blick zur Erde wenden, um trockene Füße zu behalten. Bei einer dieser Zuwendungen dürfte es geschehen sein: Der Selbsterkenntliche entdeckte sich selbst beziehungsweise sein Abbild, in einer bedeutenderen Pfütze, sein Weg fortan durch Welt und Leben: eine Kette von Selbstrepräsentationen. „Welt spiegelt mir mich", spricht er, wie zum Diktat, „doch selbst bin ich es, der Welt spiegeln läßt". Unser Leben in diesen Landschaften – eine Fülle von Selbstrepräsentationen, unsere Selbstrepräsentationen – Gang unseres Werdens zur Welt, unseres Weltwerdens. „Leben ist Sein im Spiegel unserer Selbstbewertung." Doch wie fing das an, fragen sich Selbsterkenntlicher und Selbstdenkerin fast gleichzeitig. Wie ward das Selbst das eigene? Und wie kann ich mir denkend dessen gewiss sein? „Entscheidend ist: In der Geburt öffnet sich das Selbst zur Welt. Unzweifelhaft ist: Man macht sich anfänglich bemerkbar, damit einem geholfen wird. So lässt es sich schon an Kindern beobachten. Das Säuglingsselbst exponiert sich praktisch, um vom Anderen seiner Selbst Beistand zu erhalten." Und so geht es dann weiter. „Offensichtlich ist: Würden wir im tagläglichen Tun nicht durchschnittlich das erreichen, was wir als unser Anderes anstreben, würde es etwa nicht möglich sein, die Augen zu öffnen, vom Bett aus den Fußboden zu erreichen oder mit den Armen an das Frühstück heranzukommen, gäbe es weder Wirksamkeit noch Wirklichkeit." Wie aber wird die eigene Wirklichkeit daraus, wie kommt das Selbst zu seiner, zur menschlichen Welt? Bescheid des Selbsterkenntlichen: „Man muss, um vollgültiger Mensch zu sein, eigentlich Philosoph sein." (Zwischenbemerkung: Der Selbsterkenntliche kann nicht verstehen, wie man Mensch sein kann, ohne Philosoph sein zu wollen. Philosoph sein – Selbstverantwortung übernehmen, verantwortetes Selbst sein – wirkliches, authentisches, unverlierbares Sein. Doch Geduld ist gefragt. „Erst auf der Stufe des Menschlichen erkennt sich das Prinzip der Individualität selbst; ein Anorganisches, ein Stein weiß nicht von seiner Individualität." Ein Stein, könnte man nun hinzufügen, weiß auch von manch anderem nicht. Jedoch: man muss nicht alles wissen, um ein Mensch zu sein, erst recht nicht, um ein Philosoph zu sein – vergleiche hierzu: *Individualität. Das Prinzip der Selbsterkenntnis.*) Selbstbezügliches Murmeln, selbstverzaubertes Nicken des Selbsterkenntlichen. Aber er hat sich vorgegriffen – und doch wieder nicht. Denn in die Lücke der Erkenntnis des Selbst, die sich soeben bemerkbar machte, kann ja Entwicklung, Individualisierung, Selbststeigerung erst stoßen. Wäre der Selbsterkenntliche doch sonst immer in Westfalen geblieben und in der Hyle des Regenschlamms!

Sein Traum ging aber auf Wüsten, zu wässern mit dem selbsterlebten Überreichtum der Weltliquida. Der Selbsterkenntliche steigt rasch empor bei *Welt – Wasser – Wirtschaft*, Ressort: *Individuelle Lösungen für globale Probleme*, Abteilung: *Selbsthilfe denken*. Nach unerwartetem Regierungswechsel: der Selbsterkenntliche, gefragte Begleitung von Wirtschaft, Politik, Militärmacht in den trockenen Regionen, sein Programm: *Individuelle Zugänge zur Welt sichern*. Schulungen, Ertüchtigungen der Selbste der Verwertungs- und Vermarktungshelfer. Blicken wir, über die Schulter des Selbsterkenntlichen, ins Notizheft aus diesen Tagen: „Die Sonne sinkt. Die Nacht kommt. Wo bin ich jetzt? Wer bin ich nun? Augenscheinlich ist: Es fehlt noch immer an einer systematischen Theorie des täglichen Selbst. Wer sind wir? Und nicht nur hier! Unabweisbar ist: Die Selbst-Verständlichkeit der Welt ist als Problem ebenfalls kaum erkannt. Offensichtlich ist: Die Philosophie hat sich bislang keine sonderliche Mühe gegeben zu erkennen, was ein *Problem* eigentlich ist. Hier gilt es Neuland zu erschließen. Zur generellen Struktur von Problemen gehört, dass *sie uns etwas angehen*, dass wir selbst es sind, die herausgefordert sind. **Nur ich selbst kann ein Problem haben**, das mich angeht."

Solche Angangsoffenheit, solches Ernstgefühl in Gedanken führt den Selbsterkenntlichen immer weiter weg von der Truppe, in größer werdenden Kreisen umgeht er die kleine Menschenoase, in der Wüstenweite erblüht sein Denken. Nach einem Wüstenmorgen voller Luftspiegelungen dann endlich: „Mein Damaskus der Egologie!" In Kürze: „Damit Mensch selbst sei, muss allererst Wüste sein, damit Selbst menschlich werde, muss Weltwüste weichen. Selbstentfaltung und Weltverwüstung im Zusammenhang! Ich selbst, wo ich mich als Denkender nur ernstnahm, garantiere das Konstruktive dieser Destruktion." Als der Selbsterkenntliche ins Lager zurückkehrt, ist hoher Besuch gekommen, man ruft den Selbsterkenntlichen ins Hauptzelt, darin eine Gummiwanne, darin plantschend der Herrscher aus der Heimat. Rosigblond trotz feindlicher Sonne, nur sein Haupthaar färbt ein wenig ab. Selbstentfaltung, Selbstbehauptung aus Allereigenstem! will der Selbsterkenntliche jubeln. Stumm stehen Beduinen vorm Zelt, zehn Dörfer haben heute kein Wasser. Der Mann im Gummiteich winkt den Selbsterkenntlichen zu sich, zum Vortrage der Denkwürdigkeiten – am Bottich: ein Stühlchen schon bereit zum Niederknien –, der Selbsterkenntliche hebt unverzüglich an: „Wie muss ich mich denken? Wie habe ich mich erkannt?" Palmwedel fächeln dem Selbsterkenntlichen von beiden Seiten in die Rede, er besinnt sich und wird philosophisch: „Ich habe die eigene Einsicht gesucht. Ich habe nach dem Selbst des Selbstdenkens gesucht. Ich habe gefunden, dass wir im Selbst des Selbstdenkens die bloß formale Zuständigkeit eines einzelnen Wesens bereits überschritten haben und auf *den* Menschen setzen, der sich ausdrücklich *seiner* Individualität bewusst ist. Es reicht also nicht, dass hier überhaupt ein Einzelner tätig wird; gefragt ist vielmehr ein seiner selbst bewusstes Individuum, das sich *in seiner Eigenart* denkend auf *sich selbst* bezieht. Suche deine eigene Einsicht und folge ihr! Also lebt Philosophieren aus einem selbstbewussten Forcieren der Individualität. Und so werde ich meiner individuellen Lebendigkeit bewusst ..." Der Mann in der Wanne taucht kurz unter, der Mann im Trockenen, tief gebeugt zu dem Nassen: „... und so setze ich ins Leben, lasse ich zu Wasser meine Philosophie der Individualität, die hier endlich vorliegt. Und so unternehme ich denn den Versuch, die Beziehung zwischen Moral und Leben, zwischen Wert und Wasser näher zu bestimmen. Wasser ist Leben. Der Wert des Wassers ist, dem Menschen zu dienen. Aber nicht irgendeinem Menschen, sondern immer dem konkreten Individuum." (Beifälliges Gurgeln aus der Wanne.) „Also unter Umständen mir selbst, oder auch jedem, der ernsthaft philosophiert, zumindest aber ernstlich erkennen will – das heißt tendenziell Mensch sein will. Angestammte Rechte darf es da nicht geben. Niemand nenne die Erde seinen Besitz, nur weil er drauf wohnt. Niemand greife nach einer Quelle, nur weil er an ihr geboren wurde. Nur der verdient sich Wasser wie das Leben" usw. usf. Der Wasserdampf ist verflogen, dem Herrscher wird eine Zigarre gereicht; durch ein kompliziertes System von Schläuchen nach Art einer Chicha erhält der Selbsterkenntliche Zuteilungen des herrscherlichen Aushauchs. Der Selbsterkenntliche, zwischen den Tabaksdämpfen:

„Der Wert seiner Würde gilt dem Menschen unbedingt. Der Mensch ist stets der einzelne Mensch. Wäre da ein anderer Gegenstand (wie etwa die Erde), die im Wert höher eingestuft werden müsste, hätte man einen Fall von Antastbarkeit des Menschen." Die Erde, die allen gehört, könne die Würde nicht antasten. Ist der Mensch nicht aus Erde oder Erdähnlichem gemacht? (Brummen aus der Wanne, leichte Verfärbung des Qualms.) „Doch wir bestehen nicht nur aus Erde, sondern auch aus Einsicht. Darum können und dürfen wir uns in allen Wassern dieser Erde baden. Darum können wir, als vernunftbegabte Egoisten, uns Erdherren und Selbstherrscher zugleich nennen. Unter einem ‚rationalen Egoisten' ist ein Mensch zu verstehen, der seinen naturalen Antrieben einsichtig folgt, weil er der Erkenntnis seiner selbst mächtig ist, er sein ganzes Selbst im Blick hat und weiß, dass er nur unter Bedingungen erhalten werden kann."

Was soll er hier am Kamin all die Deduktionen wiederholen, die aus der Selbsterkenntnis in die Selbstermächtigung führen? Die Broschüre, seinerzeit überall in den Camps verteilt, liegt ja griffbereit, vergangene Denkarbeit mag hier in Lebensbericht übergehen: „Wasser verpflichtet." Das möge nachgedruckt und nachbedacht sein. Die Erwägungen zum Ausgleich von individuellen Bedürfnissen und der Verpflichtung zum Selbstsein sind jedenfalls unverändert gültig. In diesen Wüstenwochen war zu erfahren, was erst allmählich als Weltinnenpolitik zu gestalten ist: der Ausgleich ist „je und je situativ herzustellen". „Gesundes Selbstvertrauen und Selbstbewusstsein gibt die rechte Weisung. Der Zugang zu den Wasserquellen dieser Welt bedarf unseres Schutzes und unserer Fürsorge. Er muss individuell gewährt bleiben. Kein Volk darf sich mit angeblichen Traditionsrechten hier vordrängen, kein Stamm auf Gewohnheit sich berufen. Der Ort des freien, selbstbewussten Selbst ist die Welt, die ihm darum auch gehören muss. Nur wer selbst – das heißt individuell, in ganz eigener, selbsterkannter Person – Durst hat, wird das freilich auch unmittelbar verstehen." Allerdings muss man zuvor sich selbst verstanden haben. Ohne Verstehen keine Rechte: „Aller Rechtsanspruch wächst aus der Intimität, in der das Selbst sich kennen und schätzen lernt. Damit ist auch die Frage nach der Grundlage allen Rechts beantwortet: sie liegt in einer **basalen Vertrautheit** *mit sich selbst.* Wer sich selbst nicht vertraut, der hat keinen Anspruch auf unser Vertrauen und den Schutz des Rechts."

Der Mann in der Wanne sah das auch so seinerzeit, dampfte er nicht in schweigender Bejahung immerfort? Zum Dank die Pfefferminzzigarre an den Selbsterkenntlichen, Banderole individuell gestaltet: *Dem Pfiffikus der Selbsterkenntnis.* Die wird nicht geraucht! An trüben Novembertagen belebender Duft aus ihrer Unversehrtheit ... Gern denkt der Selbsterkenntliche an die Wüstenzeit zurück. Wochen der Askese und der Reinigung von Welt waren das, man musste alles abstreifen, um alles zu gewinnen. Hier habe ich mich selbst gewonnen und erkannt, murmelt der Selbsterkenntliche, die Wange der Selbstdenkerin tätschelnd. Man sollte das einmal *systematisch* durchdringen ... Unser Denk- und Lebensweg beginnt mit einer *Selbsterkenntnis* und endet mit einer

Selbsterkenntnis höherer Stufe, die wohl am treffendsten *Selbstbesinnung* heißen mag. „Gewiss", sinniert der Selbsterkenntliche, „mit mir mache ich in meinem Philosophieren jeden Tag einen neuen Anfang. Doch warum ist mir heute Abend so besinnlich, so endgültig zumute?" Der Selbsterkenntliche greift nach einem der Bände, die vor ihm auf dem Kaminsims aufgereiht sind, und liest laut und doch für sich selbst (die Selbstdenkerin scheint vergessen): „Auf den systematischen Zusammenhang zwischen Selbstbestimmung und Individualität habe ich erstmals hingewiesen. Hierfür waren verstreute Ansätze aus nur zweieinhalb Jahrtausenden Philosophiegeschichte zu sammeln. Selbstverständlich gab es hierbei manches, das mich inspirierte. Ich denke nur an Heraklits hochindividualisierte Einsicht in das Werden aller Dinge. Selbstverständlich konnte ich – auch in Anbetracht der Kürze eines individuellen Lebens – nur auf das Notwendigste aus der Überlieferung eingehen. Dass namentlich die Herstellung einer endlich Ernst machenden Beziehung zwischen Moral und Leben, Selbst und Welt nur unter Absehung einer Konfrontation mit allen aktuellen Theorien darüber möglich ist, ist offensichtlich. Dass ein Werk wie meines auf dem knappen Raum von kaum 500 Seiten nur bei extremer Beschränkung möglich ist, versteht sich hoffentlich von selbst. Es wendet sich nur an den, der sich solche Fragen *ernsthaft selbst* vorlegt. Also liegt das entscheidende, das die Ethik allererst schaffende Moment allein in der *individuellen Selbstbezüglichkeit* einer *ernsthaft an sich selbst* gestellten Frage." Der Selbsterkenntliche lächelt besinnlich vor sich hin. Er hat sich selbst zitiert.

Seit 60 Jahren tut er das nun schon. Jahre steigender Besinnlichkeit, besinnender Vertiefung ins Selbst. Doch ‚Selbstbesinnung' hat nichts mit Besinnlichkeit qua Bequemlichkeit oder gar Selbstgenügsamkeit zu tun. Es handelt sich vielmehr um harte Arbeit an sich und anderen. „Das sich selbst kenntliche Ich, das heißt das denkende, tendenziell philosophische Selbst, ist immer schon bei den anderen: Wer **sich selbst ernstnimmt**, verdient ernstgenommen zu werden und ist somit auch in der Lage, die Existenz und **das Lebensrecht anderer Menschen ernstlich** in Betracht zu ziehen. Nur die Wechselseitigkeit *anerkannten Ernstes* macht *Selbstsein durch Anerkennung* möglich und wirklich. Ich wiederhole es eindringlich: Ich selbst bin in allem Ernst und immer schon unter anderen. Das hat man in Königsberg gewusst und in Frankfurt am Main nicht verstanden. Nur ein Selbst, wovon man erfährt, ist ein authentisches Selbst. Wer weiß, was er ist, und es nicht mitteilt, ist ein Nichts."

Und wieder versinkt der Selbsterkenntliche in Rückblicken, diesmal spricht er aber zur Gehilfin: „Erst wo wir unsere Kräfte kennen, können wir sie nutzen. Erst wo wir sie genutzt haben, können wir alle Welt mit ihnen bekannt machen. Wie erkannte ich meine Kräfte, bevor ich sie nutzte? Durch Selbst-Erkenntnis. Wie erkannte ich meinen Nutzen für die Welt, nachdem ich an mir kräftig geworden war? In Selbstbesinnung. Selbstbesinnung vertieft die Selbsterkenntnis. Darum", halblaut, „mag aus der Selbstbesinnung ein meditatives Element in die Selbsterkenntnis gedrungen sein, das mich", gedämpft, „heute Abend so sehr hin- und herbewegt in meinen eigensten Gedanken." Wieder lauter, verlautbarend: „Was ich an mir habe, weiß ich nur selbst. Wittgenstein irrte, dass, was ich bin, nicht zu ‚verscheinen' wäre und darum auch nicht zu wissen sei. Eine verhängnisvolle Fehlentwicklung, die ich mir hiermit zu korrigieren erlaube. Es *sind* Irrtümer über mich möglich! Die anderen wissen oft nicht, wer ich bin und was ich bedeute. Hier bedarf es meiner Sorgfalt und Geduld. Sie erwächst aus der Selbstverpflichtung des Denkens, was wir sind, anderen getreulich mitzuteilen. So erweise ich mich meiner Selbsterkenntnis als erkenntlich. So erweise ich mich als der Selbsterkenntliche meiner Selbsterkenntnis. Hast du das?" Fehlt dem Buch noch das Motto: „Nur aus dem Bewusstsein der Einzigkeit meines Lebens entspringt Philosophie."

Der Dankwart

Der Dankwärter, kurz: Dankwart, wird oft mit dem Gesinnungswart verwechselt, von diesem scheidet ihn aber seine strenge Vergangenheitslust. Der Dankwart kommt nämlich – darauf weist er später, in Memoranden, immer wieder hin – ganz gesinnungslos (er: „gesinnungsfrei") auf die Welt und beginnt nicht etwa, an ihrem nächsten und nahrhaftesten Punkt, einfach zu saugen, er verharrt vielmehr einen andächtigen Moment – ist voller Dankbarkeit gegenüber der guten Gabe, die da *vorbereitet* ist. Ein Geschenk aus der Vorzeit seines Daseins – ach, wenn er's nur schon sagen könnte, wenn er nur schon Zunge hätte und Ohren fände für diesen Reichtum, den viele dank- und gedankenlos verschlucken. Schamloses, gedankenloses Schmatzen bereits des Milchbruders an der Nachbarbrust! Nur schwer gewöhnt sich der kleine Dankwart an die guten Gaben, die einfach so, unbedankt, fließen, nur zögernd löffelt er im ersten Lebensjahr seine grundlegenden Überzeugungen. Diese seine Geste des Zögerns hält alles Vergangensein, namentlich das unvergängliche, das geistige, philosophiegeschichtliche zum Beispiel, immer lebendig, indem sie allseits zu Dank anhält. Der Dankwart ist nämlich Philosoph geworden, weil es inzwischen wenig zu essen und viel zu danken gibt. Er steht hier in großer Verantwortung, die Vergangenheit lebendig zu halten. Die Vergangenheit führt ja in gewisser Weise ein Eigenleben, bedarf der Pflege und des Schutzes, wächst und gedeiht erst richtig durch Hinweise auf ihre *Bedeutung*. Und gab es je etwas, das die Gegenwart ihrer Vergangenheit nicht verdanken müsste? Der Dankwart versteht nicht, wie man so gedankenlos sein könne, einfach zu denken; vorm Denken und Bedenken steht doch das Nachdenken und Aufweisen ... es gilt doch *allererst* einmal freien Raum zu schaffen fürs Denken. Als Raumgreifer des Dankens erregt er Aufsehen, fast noch bei den Toten, den eben Verröchelnden, für deren Größe er sich mächtig ins Zeug legt. Man versteht, dass er mit der Zuteilung von Dankwürdigkeiten sofort auf einer Höhe mit dem Bedankten ist. Aber man höre ihn selbst: „Bedeutendes ächzt unter seiner Größe und versinkt wie Gutes in seiner Fülle – so bleibt nur mehr die Größe beziehungsweise die Fülle. Bedeutendes verschwindet zugunsten von Bedeutung, aber auch diese hält sich kaum auf den Beinen, aufrecht steht und übrig bleibt nur noch der Bedeutende. Er ist – ich bin –, der auf Bedeutendes hinweist, der Meister der Bedeutungen und natürlich auch des Bedankens. So wies er – und weise ich – darauf hin, dass die Antike nicht durchweg harmonisch war, dass Platon brillante Dialoge geschrieben hat, Augustinus mit allen Wassern der Subjektivität gewaschen und Kants Beitrag zur Entfaltung des Erkenntnisproblems nicht mehr rückgängig zu machen ist, dass Hegels Größe wie die Max Webers unfraglich ist und doch nicht von jedermann verstanden würde, dass Nietzsche ein Sokrates des 19. Jahrhunderts genannt werden muss und Pascal ein Nietzsche des 17., dass die Romantik manches vorwegnahm, dass Nietzsche sich zweifellos überschätzt hat und seine Elitetheorie kleinkariert ist, dass Carl Schmitts Beliebtheit skandalös bleibt, dass mit Heidegger kein Weg in die Zukunft führt – kryptotheologisch!

– und Gehlen mit seinen Zeit-Bildern eine Ästhetik gegeben hat, die nicht anders als glänzend genannt werden kann, dass im Gegenzug aber eine Ethik wie die von Levinas geradezu getränkt von Ethik, mit einem Wort: ethikgetränkt ist." Der Dankwart hatte den Mut, für einen Kant, einen Hegel auch *einzutreten* – ihre Größe auch groß zu *nennen* trotz üblen Gespötts umher (man vergleiche seine Aufsätze *Hegels Größe, Kants Größe, Max Webers Größe, Nietzsches Übergröße und Überschätztheit*).

Der Dankwart ist streng, aber gerecht: Gerechtigkeit wohnt in den Kanones der wichtigsten Denker, die er unaufhörlich aufstellt in eigens dafür gegründeten Zeitschriften *(Unseren Besten – unseren Dank)*; Strenge seines Urteils aber trifft alle, die es, weil vielleicht nur Teilstücken des Dankenswerten zugewandt, das Gerechtsame seiner Würdigungen verkennen. Streng ist er und außerdem voller Kühnheit: In seinen – seltenen – Mußestunden, zwischen zwei Dank-Diensten, träumt er wohl auch vor sich hin, wie der eine oder andere tote Philosoph ihm zu danken erschien für geleistete Dankwartung ... wie freundlich, wie milde dürfte er da lächeln in Abwehr solchen Dankens! Er winkt freundlich ab dem geschätzten Toten und den nächsten herbei zur Schätzung ...

Der Mitkant

Der Mitkant (auch: Mittelskant, Kantmituns, Kantseibei-uns) findet es *unerträglich*, dass Dinge sind oder geschehen ohne Kant-Rückfrage, ohne Königsberg-Referenz. Er kann nicht anders, er kennt es nicht anders, als *mit Kant zu denken*. Doch der Reihe nach.

Anders als der Geist, mit dem er später denken wird, wächst der Mitkant irgendwo im tiefsten Westen Europas auf, im Windschatten der notorischen Mauern, nicht berührt vom kleinsten Lüftchen der Geschichte. Seine Jugend ist schnell erzählt: Wegen schlechter Stubenluft aus tausend Jahren wird dem Mitkant viel Bewegung im Freien verordnet, bekanntgeworden ist bei Luftübungen seine Angewohnheit, vor einzelnstehenden Bäumen, auf offenem Feld, stehenzubleiben. Obwohl es in der kleinen Stadt, deren Lehreinrichtungen er durchläuft, nachweislich keine Intellektuellen gibt, verlautbart er schon früh eine – zunächst unbegreifliche – Wut auf diese: Er will niemals einer von denen sein, lieber ein *Vernunftkünstler*. Das Wort fiel beim Kantvortrag eines weitgereisten Kantgesellschaftlers in der Sonntagsschule, es gefiel ihm umso mehr, als er sich in Musik und Mathematik dauerhaft unbegabt fand. Ist Vernunftkünstlertum nicht eben dies: doppelte Unfähigkeit zu Kunst und Wissenschaft im Einzelnen, weil ihre Vereinigung im philosophischen Geiste? Die Obsession für einzelnstehende Bäume stammt aus dieser Zeit. Der Vortrag des Fremden hieß übrigens *Mit Kant – nicht nur denken*. Der Mitkant erfasst die Tragweite des Wortes sofort: die ganze Wirklichkeit steht dem Begabten *mit Kant* offen! Sie will *allererst konstituiert* und *legitimiert* sein. *Begründung* und *Reflexion* ist das doppelte Gesicht der Vernunft, das doppelte Geschäft des Vernunftkünstlers – die Wirklichkeit ist nicht zu machen, die Kunst der Vernunft besteht darin, ihr Begründungen voraus- und Reflexionen hinterherzuschicken, auf dass Vergangenheit und Zukunft nicht vernunftlos geraten. So wird gedeihlich alle Gegenwart dem Vernunftkünstlertum.

Seine Neugeburt, seine Erweckung zu kritischem Sinn datiert der Mitkant später auf diese noch halb jugendlichen Einsichten und Entschlüsse. Wie alle Lebensläufe mit Umkehrpunkt kennt auch der seine nur ein Vorher und ein Nachher; ein Daseinsprogramm von paulinisch-augustinischem Zuschnitt, wie er später selbst bemerkt. Ein ungewöhnlicher Mangel an Phantasie, die Immunität gegen alle Erfahrung von Denken wie Leben lassen ihm binäre Entwürfe leicht werden. Seine Rede ist Mitkant, Nichtmitkant. Die Einsicht in die Herkunft und Tragweite seines Mit-Kant-sein-Wollens geht ihm freilich erst mit den Jahren auf. In der fraglichen vorkritischen Zeit fehlt die Windstille dafür. Durchs Wohnviertel tobt nämlich die Revolte, bürgerliche Jugend schlägt lauthals aus und ein, ehe sie sich ihren Diensten und Ämtern weiter im Stadtinnern zuwendet. Als Kleinbürgerkind ist dem Mitkant der jungbourgeoise Lärm um ‚die Phantasie' zuwider – nicht der um die Macht, an die sie nun kommen soll. Wo findet man die Macht aber?

Als Student für Sportethetik und Kraftästhetik tritt der Mitkant in die späten 6oer, als Professor für Machttheorie und -praxis verlässt er sie. In dieser Zeit formt sich seine Körperhaltung endgültig. Immer hat er Grundlegendes unterm Arm, erst blaue, dann braune, schließlich drei grüne Bände (Kant bei Meiner), stetig aber sind die Armwinkel nach außen gespitzt.

Man muss hier vielleicht ein weiteres Wort zu seinem Äußeren sagen, insbesondere zur physischen Geographie seines Gesichts. Ein Zug zum Pedantischen, Steifen, seelisch wie somatisch Unbeweglichen dürfte nach dem Vorigen nicht überraschen. Vor allem aber die enorme Glätte fällt auf, die Faltenlosigkeit. Selbst in seinem Alter findet sich nur die Einfalte der Stirn. Etwas Einfältig-Eiförmiges, Homunculushaftes, ja – warum nicht? – Eineiiges ist an diesem Gesicht. Die Eineiigkeit bestätigt sich nach dem Fall des Eisernen Vorhangs, dessen Geräusch nach circa zwei Jahren Mitkants Heimat-, Schul- und nunmehr Universitätsstadt erreicht: Die Existenz eines Zwillings wird bekannt, den die Mutter, fliehend aus Ostgebieten, bei guten Leuten zurückließ auf der anderen Seite. Der wurde auch Philosoph! Nun aber erst die Eineiigkeit der Werke: Im selben Jahre, ja im selben Monat erschien im Osten *Das Erbe der Vernunft*, im Westen *Der Anspruch der Macht*. Der Mitkant hat das Kant-Vernunfterbe, nicht anders als sein Zwilling den Marx-Vernunftanspruch, nämlich auf die Machtfrage gewendet, die freilich gar keine echte Frage sei, sondern eine Antwort, wofür erst die Frage zu finden ... am sichersten eben *mit Kant*. Macht ist wie Wirklichkeit von der Vernunft nicht zu machen, doch kritisch zu durchdringen und dadurch *allererst* zu konstituieren und zu legitimieren. Hierfür ist Machtlosigkeit des Legitimators beste Voraussetzung. Und auch umgekehrt: echte Macht, Weltmacht zumal, gleiche der Vernunft, die, um rein zu bleiben, alles Material, alles Sicht- und Genießbare, erst verarbeiten – *formen* – müsse, im Griff nach heterogenem Rohstoff (Erdstoff, Erdreichtum; Erdöl zum Beispiel) also die höchste Autonomie ihrer Formkraft und Materialfreiheit beweise. Dies alles in rascher Folge ausgeführt und entwickelt: *Mit Kant Macht denken, Metaphysik und Metaethik der Macht, Die Legitimität der Machtwelt, Weltmacht legitim denken mit Kant*. Aufhellende Aufsätze, deren Thematik den Mitkant auf einen weiteren Philosophen lenkt; hieraus die bleibende wissenschaftliche Leistung seiner Intellektualexistenz: die Gründung der Kant-und-Nietzsche-Vergleichsgesellschaft. Eröffnungsvortrag, der allem weiteren den Weg wies: *Kant und Nietzsche im Widerstreit*, wegweisende Wortwindung: „Die Polemik der Auseinandersetzung Nietzsches mit Kant vermag nicht darüber hinweg zu täuschen, dass es zwischen beiden neben Trennendem auch Verbindendes gibt." Das 200. Todesjahr Kants und 160. Geburtsjahr Nietzsches gibt ausgezeichnete Gelegenheit, dies zu bedenken – nicht zuletzt mit Blick auf Nietzsches 170. Geburtsjahr und Kants 210. Todesjahr; die Konferenz und alle folgenden enden mit einer „entschiedenen Betonung des Trennenden, aber auch des Verbindenden zwischen Kant und Nietzsche" (vergleiche: *Die Macht der Toten – Die Macht und die Toten*).

Zurück zu den Strukturentscheidungen der Mit-Kant-Existenz! Dieses Leben teilt sich, wie das aller Paulusse, aller damaszenisch, bibelkräftig oder kritizistisch Gewendeten in zwei scharf umgrenzte Hälften. Das ist jedoch kein Opportunismus wie bei vielen Existenzen aus der Blaue-und-braune-Bücher-Zeit! Sondern Struktureigentümlichkeit, eines Denkens der Macht nämlich. „Intellektuelle" – so nennt der Mitkant alle Machtlosen – „haben niemals begriffen, dass Macht nicht zu schaffen, sondern aufzusuchen und zu rechtfertigen ist. Darin gleicht sie dem Recht selbst." Wie vermied es der Mitkant, ein Intellektueller zu sein? Indem er der Macht entweder voraus- oder nachging als flinker Bursche. Beide Burschengänge für den Lauf der Macht waren durch den Weltlauf, die Weltgeschichte nahegelegt, um nicht zu sagen: vorgegeben. *Vor* dem Fall des Eisernen Vorhangs lebte der Laufbursche der Weltgeschichte in einer Zeit des Zögerns der Macht. Die Mächte zögern auszuführen, was *mit Kant* doch leicht legitimiert wäre: Fortschrittsbeförderungsexpansion, Moralstandardimportaktion; eine Invasionsfaulheit der Macht trotz tadelloser Raketenbestückung, der die Legitimationen *des Rechts* notwendig stets voraus sein müssen. *Nachholende Bombardisierung* hier der zum Glück nie eingetretene Präzedenzfall der Recht-Macht-Abfolge. Ideen einer friedlichen Zeit im Grunde, man konnte *mit Kant* fordern so viel man wollte, man blieb den Machtstreichen ja prinzipiell voraus und in Gedanken, man blieb geschützt in Ideen. So rankte sich am Eisenvorhang der Efeu von Machtvernunft, der Vernunfttraum von Traummacht ins Unermessliche hinauf! *Nach* dem Vorhangsfall: Die Mächte überschlagen sich in ihrem Machten, Übermächtigen, Überwältigen der Welt, *mit Kant* ist ihnen nachzureichen, was sie in verzeihlichem Eifer versäumen mussten: kritisch-reflektierte Rechtfertigung, Möglichkeitsbedingungen, Notwendigkeitsschlüsse (*vorgreifende Bombardisierung* – *Vorgriff* der Weltmächte auf eine Weltrechtsordnung). Und was wäre *mit Kant* nicht herzuleiten: „Wir nutzen nur 10 % dessen, was mit Kant möglich wäre. Überall ist die Macht im Recht, wo sie nur reine, echte, weltbezwingende und -beherrschende, eben: Weltmacht ist. Aber wer weiß schon, dass mit Kant hier vorausweisende Einsichten auch für die rückgreifende Deutung von Kants Anthropologie, Völkerrechtslehre, Erhabenheitskritik zu gewinnen sind? *Bedeutende Impulse* für das Völkerrecht wie für die Theorie davon winken durch Interventionen einer – mit Kant zu sprechen: legitimen – Weltmacht."

Ein Blick auf die Machttheorie des Mitkant wird hier unumgänglich, auf das Werk seiner zweiten und letzten Lebenshälfte, wie er es entlang zahlreicher Machtakte entwickelt hat.

Am liebsten rechtfertigt der Mitkant gerechte Angriffskriege: Sie sind eigentliches Betätigungsfeld einer echten Weltmacht. Es handelt sich nämlich um *reine* Machtübungen, ohne unlautere, das heißt heteronome, fremde, verfälschende Motive des in sich legitimen Machtwillens. Echte Macht, reines Wollen, das heißt: keine Rücksicht auf Fakta (das wäre Einschränkung der Autonomie durch Vergangenheitslast), keine Vorabexkulpation aus dem Finale (das wäre Einschränkung der Autonomie durch Zukunftsvorgriff). Die reine, rechte Macht will nur sich selbst; das aber kann sie überall und jederzeit wollen, sie ist dann *Die Macht im Recht, Die Würde zum Glück.* Mag auch das Glück von befreiten Völkern wie nebenher abfallen bei den Übungen der Macht, sie will es gar nicht wissen, sie folgt nur ihrer Pflicht, sich selbst zu wollen. Dies ist „nur mit Kant und nicht ohne Nietzsche zu denken". Ja, die Reinheit der *Macht im Recht* heischt sogar Augenschließen gegenüber dem Glück, das sie überall schafft: nur in einer undurchsichtigen, unübersehbaren Welt wird die Macht auf ihr eigenstes Prinzip geführt, auf sich selbst verwiesen. Mit Kant lässt sich noch mehr dartun: „Die Pflicht zum Eingriff durch die echte, die weltbeherrschende, die Weltmacht folgt aus der Einsicht, dass auf unserer dicht besiedelten Erde der das Lebensrecht verwirkt habe – und mit Kant denken wir hier an Menschen wie an Staaten –, der, sei es auch in weltmachtfernen Wüsten, *Angriffswaffen hortet* oder wenigstens diesen Eindruck erweckt, *ohne doch Angriffskriege führen zu können* – wer also sein Dasein nicht kämpfend legitimieren kann, weil er einen falschen Schein erweckt und sein Können sein Wollen richtig widerlegt." (vergleiche: *Ein Vetorecht für den Mächtigsten: Mit Kant gedacht und gekämpft*)

Mit Kant (und, so der Mitkant: „mit Nietzsche über ihn hinaus") ist somit das schwierige Verhältnis von Vernunft und Macht, *insgleichen* das von Begründung und Reflexion, ins Gleichgewicht gebracht. Denn die Kriege der Weltmacht, die gerechten und dadurch eigentlichen Welt-Kriege, müssen ja als gerechte *jederzeit* begründbar sein, also überhaupt und an sich (ohne solche Analogie zur Weltmacht bliebe die Schulvernunft ohnmächtig), das heißt: als Erstschläge der Vernunft immer schon der Macht *begründend voraus*, wodurch deren Faktum alsdann *reflexiv einzuholen.* Das ist Philosophenaufgabe: Reflexion aufs Begründbare. Allein so kommt kritische Vernunft niemals zu spät. Die Macht aber lasse man nur machen: „Vernunft ist, was auf sich selber hören kann. Also die souveräne Macht selbst. Also der Vernunft nicht erst zu unterwerfen. Und auch nicht dem Recht. Denn Vernunft und Recht kann nur setzen und durchsetzen, wer ihnen nicht unterworfen ist. Also die Macht selbst. Oder meint man, ein Schrank läßt sich besser durch das Zimmer bewegen, wenn man hineingestiegen ist?"

Kritische Vernunft nahe der Macht kann *mit Kant* aber auch praktisch werden. Kleinere Proben gab der Mitkant als Truppenbegleiter, in *Kantlesung bis zum Zapfenstreich* und *Kantölung vor dem Wüstensturm*. Auch skeptische Geister mussten ihm Achtung zollen, für die Fähigkeit, sich beim Lob der Macht niemals zu langweilen. Im Gedächtnis blieben zudem kleinere Eingriffe des Mitkant, etwa sein Koppelschlossspruch-Entwurf *Mit Kant für die Kultur und mein Recht*, später verbessert-verkürzt zu *Kant mit uns*.

Unglaubliche Schriftenproduktion übrigens selbst hier! *Kant für Machthaber, Kant für Manager, Kant für Militärs*, dazu die Orientierungsbände *Mit Kant im Irak, Mit Kant in den Iran*. Bilanz dieser Jahre: „Ich denke hinreichend gezeigt zu haben, dass und wie man Macht- und Militärschläge durchaus kritisch begleiten kann. Machtvoll begleitende Vernunft, so denke ich *mit Kant* gezeigt zu haben, geleitet am wirksamsten auf dem Wege der Kritik. Kritik aber braucht eine Basis. Jeder Flugzeugträger erweist sich so als machtvolles Faktum der Vernunft – der souveränen, abhebenden, nicht der daheimgebliebenen, schwächlichen Vernunft. Die Vernunft hat ihre Macht erst vor sich."

Und der Zwilling, der machtlos zurückblieb? Der Mitkant lädt ihn mit auf seinen Schreibstuhl, eng umschlungen und dabei stumm schaut das Brüderpaar auf den Schreibtisch, gemeinsam versunken in geteilte Erinnerung, an ein Leben aus Mitarbeit, aus Mitarbeiterschaft der Vernunft.

Der Vorwortreisende

In einer kleinen Universitätsstadt, im tiefsten Norden oder Süden oder Osten des Landes, lebt der Vorwortreisende. Er ist Philosoph und war es doch nicht immer, er lebte in noch kleineren Städten, zog herum und hierher und will nun bleiben. All dies ist seiner Leidenschaft geschuldet, dem Sammeln. Wie andere Münzen, Ehren, Affären oder Verdienste, so sammelt er Vorwort-Orte. Als Knabe hatte er ein Handwerk gelernt, als junger Mann sich mit experimentellen Wissenschaften beschäftigt. Beides ließ ihn nicht recht vom Fleck kommen mit seiner Sammelleidenschaft, immer musste man warten – auf künftige Kunden – oder bleiben – wegen der laufenden Apparate. Wie sollte man da nicht melancholisch, wie durfte man da nicht philosophisch werden! „Philosophisch" – so nennt der Vorwortreisende alles Sein und Tun, das der Anlässe nicht mehr bedarf; beim Warten auf Kundschaft in der kleinen Schusterei seines Vaters, beim Warten auf Effekte in den Laboratorien der kreisnahen Experimentieranstalt entfernten sich ihm oft die Gedanken – wie wurde ihm da philosophisch zumute! Gedankenpoeme und Systemlyrik schrieb er unentdeckt damals jeden Tag, seine Träume aber waren vertrackter: Er würde etwas sammeln von der Welt, ohne seine Heimat zu verlassen, er wollte sich die Welt ins Heim holen in all ihrer Vielfalt und doch einfältig bleiben wie nur ein metaphysischer Schuster ... da lernte er ohne Anlass zu denken, da wurde er Philosoph. Wie aber auch Vorwortreisender?

Als Philosoph zog er in die kleine Stadt mit den dicken Mauern, bald schrieb er Buch um Buch, statt der Gedichte nun aber Rezensionen. Keiner der Seinen wusste übrigens von dieser Produktion, Welt und Heimat kennen ihn nicht unter gleichem Namen. So lädt man ihn ein nach hierhin und dorthin, arglos, man meint einen stillen Studenten, einen Magister höchstens zu fördern und ahnt nicht in Oxford, Harvard, Princeton, dass man zum Vorort einer unbekannten Buchmetropole, zum Vorwort-Ort geworden ist. Auf römisch paginierten Blättern schlägt der Vorwortreisende mit Danksagung nur so um sich – bis über Kanal und Teich! Dort liest man in dem dankend Zu- und Nachgesandten von erstaunlichen Inspirationen der Örtlichkeit: Erst hier, im tiefsten Westen, über allen Wassern, unter all dem Wissensvolk (es folgen Namen Seite III bis V), habe der Gedanke steigen können, erst hier sich niederlassen, durchdringen über 500 Seiten ... Soviel Glück des Aufenthalts, soviel Leichtigkeit der Vollendung.

So hätte das immer weitergehen können, wenn dem Vorwortreisenden nicht irgendwann das Geld oder die Anonymität ausgegangen wäre. Auf eigene Kosten muss er nun reisen – ein schlichter Forschungsreisender? Weit gefehlt. Zwar gibt er Orte an, zu denen er, zum forschenden Aufenthalt, tatsächlich mit seinen vier, fünf Buchmanuskripten (oft lange schon vollendet – bis aufs Vorwort) reiste und richtig sich niederließ. Doch war er dort selten gesehen, die Orte sind umgeben von anderen, berühmteren, an denen der Vorwortreisende Station macht, wenn auch nur für ein paar Tage; er erprobt sie auf ihre Vorwortort-Tauglichkeit, oft glückt es, voller Vorworte kehrt er wieder ein.

Der Vorwortreisende versagt sich aber auch nicht die Freude der *Entwicklung*, das heißt, er sammelt Vorwort-Anlässe nicht bloß des Raumes, sondern auch der Zeit, der Geschichte, der Lebensgeschichte. Ist diese nicht ein Sammelbecken für munter plätschernde Vorwort-Begebenheiten, Buchschreib-Vorgeschichten, Wort- und Buchvorspiele? Wann immer der Vorwortreisende ein Buch beendet hat, beginnt er sich zu erinnern – das wird zum Vorwort, alles wird ihm zum Vorwort. Ein ungeheurer Reichtum wartet darauf, sorgsam verteilt zu werden von Buch zu Buch, von Vorwort zu Vorwort ... wie oft überwältigt ihn nicht die Fülle seiner Vorgeschichten, etwa der Hindernisse vorm Buchschreiben! Wie oft möchte er nicht das alles auf einmal ausschütten: „Dieses Buch ist in einer schwierigen lebensgeschichtlichen Situation entstanden und ich hoffe, man sieht ihm die Mühe nicht an, mit einigen der gewaltigsten Denker der Vergangenheit fertig zu werden. Es trägt den schlichten Namen *Theorie der Politik*, ohne allen Zusatz. Wann immer ich in die Politik gegangen war und das Wort ergriff, fand ich mich Widerworten und schwersten Forderungen ausgesetzt, die mich zuallerletzt doch zu vertiefender Einkehr zwangen und zur stets erhebenden Arbeit des Gedankens. Manche persönliche Beziehung, manche politische Weggenossenschaft ist über der Härte dieser Anforderungen zerbrochen" usw. usf. „Aber zum Abschluss dieser Arbeit wurde" usw. usf. „mein Sohn geboren. Seine ersten Lebenstage verbrachte er in freiem, kindlich-unbefangenem Austausch mit dem

Sohn eines der Männer, deren Denken mich zutiefst be-einflusst" usw. usf. „Unseren Söhnen und der neuen, nachwachsenden Generation seien die philosophischen Erträge jener arbeitsreichen, oft fern der Heimat verbrach-ten Jahre in die Hände gelegt. Möge der Leser nun vom Vorwort in den Haupttext gelangen wie der Verfasser schon vom Denken zurück ins Leben!"

Das Kriegskaltblut

Man kennt dieses Wesen nicht anders als in gestrickten Jacken, mit Pulswärmern, unter Wollmützen, es mutet ganz häuslich und harmlos an deswegen. Das Wissen um diesen Eindruck bildet eines seiner frühen Leiden, das früheste ist jedoch eine Anomalie in seinem Blutumlauf. Kaum war es geboren, bemerkte man seine erkaltenden Zehenspitzen, Fingerspitzen, Nase und Ohren, noch am Abend des Geburtstags war der ganze Leib bis kurz vor der Herzgegend erkaltet. So bleibt es alle Tage fortan, die doch immer mit einem warmen, heimeligen Morgen beginnen. Mit der Kälte und der Langsamkeit des Blutes hängt zusammen, dass es seinem Besitzer nie zu Gesicht kam, dass es nie – floss, auch nicht bei den wenigen Stichen, die ihm das Leben beibringen sollte.

Der seltsame Aufputz aus Wolle und Filz brachte dem Kaltblut noch anderes Leid. Weder Kinder, zuerst, noch später Knaben oder Mädel konnten irgendein Alter oder Geschlecht an ihm entdecken, nichts und niemand begehrte, berührte, bemerkte das Kaltblut; unter den Wärmehüllen vermutete wohl niemand Menschenart. In wollgeschützter Einsamkeit wuchs es heran. Man könnte nun meinen: Einsamkeit, übermäßige Lektüren, einseitige Geisteskost, Mangel an Widerständen, an Welterleben, dadurch bald wunderlich, verstört und prominent in wunderlicher Verstörtheit – also das Übliche. Doch ganz im Gegenteil: Es drängte das Kaltblut ja in die Welt, zu den anderen – wie aber dort hingelangen? Schon im Sandkasten wollte niemand seine Umarmungen dulden, ganz allein musste es mit den Blei-, später den Plastiksoldaten und anderen Tantengaben spielen; die Begeisterung fürs Kriegerische blieb aber, blieb auch die einzige Verbindung zur Welt. Die hatte sich, nach dem letzten Weltkrieg, mächtig verschönert; zwar war nichts eingeschlagen in der kleinen Stadt zwischen württembergischen Weinbergen, dennoch wurde gebaut wie nach Verwüstungen; bald sah man das Nachkriegskind zwischen Stadtbahnhof und gläsernem Einkaufspalast in seinen Einsamkeiten auf und ab trotten. Sein biologisches Geschlecht gab sich der Umwelt nun zu erkennen: Ein früher Fluchtversuch, aus der leblos-friedvollen Heimat hinaus in die Welt, zur Fremdenlegion ... sie endete auf dem inzwischen zweigleisigen Heimatbahnhof, wo die Mutter den Minderjährigen abholte; eine fortschrittstolze Frau, beim Rückempfang des Kaltbluts ihre Rundum-Geste: Ist das nichts? Wohlstand, Wachstum, Württemberg? Doch der Sohn will nichts geschenkt, auch nicht für gutes Geld im Einkaufszentrum, er will *erobern*, was die Regale aus aller Welt zur Käuflichkeit versammeln.

Jahre später scheint Welt in Greifnähe gerückt, vor ernst blickenden Männern in grauen Röcken. Der halbblinde Regimentsarzt legt das Hörrohr jedoch an den Kopf statt an die Brust des Kandidaten, und wieder ist das Kaltblut ausgemustert, diesmal endgültig. Führt kein Weg in die Welt? Sein *mittelmäßig-mittelständisches Land*, wie das Kaltblut es fortan nennt, ent- und wieder bewaffnet, bietet nicht eine Gelegenheit, irgendwo als kämpfender oder auch nur feindlicher Ausländer verhaftet zu werden, während sich die urdemokratischen Mächte des Westens prachtvoller Konflikte, rauschender Blutbäder oder Gei- seldramen bei unbotmäßigen Kolonialvölkern erfreuen dürfen – das Kaltblut bleibt gefesselt ans Papier, an Kriegsbücher und die Papierkriege überregionaler Blätter: Es ist Journalist geworden, liest aber trotzdem viel, von *konfligierend-kommunikativen Vernünften* und *abenteuerli- chen Herzen* gleichermaßen; es verfällt dem Krieg, von dem es auf immer ausgeschlossen scheint, nun endgültig. Das Kaltblut erkennt, was es seit Sandkastenzeiten und -spielen dorthin treibt: *Kontakte* sind im Krieg verhießen, denen sich keiner entziehen kann, *Kämpfe* um Blut, Ehre oder wenigstens um *Anerkennung*, die das Leben des Gei- stes selber sind. Bald nicht mehr nur vom Tage, Journalist, sondern jahraus und jahrein schreibend, Publizist, ist es nun genau dies: ein vor Kontaktlust und Anerkennungs- wut schäumender Kampfblüter, ein Freiwilliger, Freisinni- ger des Kriegsgedankens, ein Liberaler auf! auf! zum Kampfe, denn Liberalität, Losgelassenheit aller Kräfte, erlöst endlich auch das Kämpfende aneinander und lässt es zum ewigen Leben finden.

So schreibt, so spricht der Kaltkriegsblüter. Umsonst, zunächst. Niemand hört, da muss er prinzipieller und Philosoph werden, Sachwalter des Agonalen gegen die Agenten der *Faulheit, Schwäche, Mittelmäßigkeit* mitten in Europa. In der Einsamkeit seiner täglichen Erkältungen, mit klammen Fingern, die Füße in ein Katzenfell gewi- ckelt (wär's doch erlegten Feindes Haut!), entsteht sogleich sein Hauptwerk: *Vom Geist der Provinz und vom Genius des Krieges. Aus der Kälte meiner ungeführten Kämpfe.* Er selbst besorgt die englische Übersetzung *(Mars, Man and Modernity)*, um denen auf der anderen Seite zu beweisen, dass sein Land nicht nur „von warmblütiger Friedfertigkeit überquillt", dass in Redaktionsstuben und Lesegesellschaften sich agonaler Mut regt; bald wird die Rückübersetzung fällig *(Mit Mann und Maus im Feuer)*, das agonale Temperament dort noch gesteigert, Vorrede: „Wohlstand ist die Mutter, Krieg der Vater zivilisatorischen Lebens. Krieg ist aber auch die spezifische Ausdrucksform der Zivilisation. Fließendes Blut ist bürgerlicher Konkretismus, was man in vor- und verspätet-zivilen Kulturen leicht vergisst. Wer jedoch einmal das zivilgesellschaftliche Ausdrucksprinzip erkannt hat, muss den Mut haben, ihm zum Ausdruck zu verhelfen. Da ihm nicht jeder zum Ausdruck verhelfen kann, ist zunächst ein Krieg aller Verfechter der Freiheit des Agonalen gegen dessen Verweigerer unvermeidlich. Er beginnt mitten in der zivilisierten Welt. Erst wenn er hier gewonnen ist, hat die freie Welt ein Recht, sich auch anderen Welten in agonalbefreiender Absicht zuzuwenden – in der Freiheit aus dem Agonalen, für das Agonale, durch das Agonale. So wird auch für die Spätlinge des freien Europas Krieg – das Tor zur Welt." Wer sind die Antagonisten des Agonalen, die Agonalitätsverweigerer? Das *Mittelmaß*, das sich nicht entzweien will zu kämpferisch gesteigertem Leben. Das sich vorm Bösen in sich selbst nicht erschrecken lassen will und kann, weil es noch niemals von ihm gehört. Das demzufolge auch nichts von der ästhetisch-produktiven Gewalt des Mehr-als-Bösen, des Hypermaliziösen ahnt. Das mithin auch noch nicht der rückübersetzten Deutlichkeit der *Philosophie des Agonalen* zu entsprechen vermag, weil es unfähig zum entschlossenen Erschrecken ist. Das Kriegskaltblut weiß nun, was not tut und was es will: schreckliche Dinge schreiben. Welche, weiß es noch nicht. Einstweilen springen kleine Kampfschriften ein: *Die Schönheit des Schreckens, Das Schrecklich-Schöne, Das Erhaben-Schreckliche, Die Erhabenheit des Schrecklich-Schönen, Das Schrecklich-Ästhetische, Die Entschlossenheit zum Ästhetischen im Bösen, Das Ethisch-Böse und das Moralisch-Mittelmäßige*. Kombinationen dieser Themen folgen, das mittelmäßig-friedensfaule Volk um den Kriegskaltblüter reizt diesen zu wachsender Produktivität.

Doch umsonst. Niemand hört, niemand kämpft; nicht einmal gegen das Kaltblut selbst. Das Land versinkt immer tiefer im Frieden. In der Provinz des Friedens. Und das Kaltkriegsblut friert immer noch weltfern zwischen den heimatlichen Weinbergen. Doch gelingt wenigstens Strukturerkenntnis seiner Not, gelingt der geistig-gemütshafte Brückenschlag – Agonalphilosophie als Provinztheorie: *Wege aus der Provinz. Mein Kampf um Welt*, Übersetzung ins Amerikanische binnen Jahresfrist. Beschreibung eines Fluchtwegs: Der Agon als Lebensprinzip der freien Welt und als Befreiungsprinzip ihrer selbst von der übrigen. Kriege tun not, Provinzialität droht sonst, eine ewige Nachkriegszeit lässt Leben verkümmern, Kräfte sind zu entfesseln. Selbstbefreiung des Geistes: Entfesselung aller Kräfte umher, kämpferische Erlaubnis zum Kampf, kampfesfrohe Liberalität, wahrhafter Liberalismus: Kampf aller gegen alle; kriegskundige Intellektuelle, Vorkämpfer, Vordenker des Liberalismus entscheiden dann, wer für höhere Kampfformen (Wochenschriften, Themenabende) in

Frage kommen darf. Klein anfangen in unserem klein gewordenen, kampfkümmerlichen Land: Waffenrecht für Schüler, unter Begleitung eines westweltwertegeschulten Erwachsenen natürlich. Was die eingeborenen Schüler an Bewegungsfähigkeit, an zähem Kämpfertum eingebüßt haben, müssen sie durch technischen Vorsprung vor den bunten, überall eindringenden Fremdlingen wettmachen: „Der deutsche Schüler ist fett geworden. Nur kriegswissenschaftlich-waffentechnologisch gerüstet kann er im Kampf der europäischen und außereuropäischen Konkurrenz bestehen." In der Heimat unbeachtet, bringt dies den Durchbruch zur Welt: Einladung übern Atlantik, Sternenkämpfergast bei der texanischen Waffenbefreiungsbewegung. Kampfvortrag *Von bürgerlicher Performanz durch Militanz.* Beifälliges Nicken unter den Kapuzen, geladene Handfeuerwaffe als Abschiedsgeschenk, die erste in seinen Händen (50 Jahre ist er mittlerweile!), er verwechselt Entladen und Entsichern, doch geht der Schuss nur nach oben los, zum Hängeboden des Hauses.

Rasche Publikation der atlantischen Erinnerungen, noch voller Abwesenheitsseligkeit übers ferngerückte Friedensdämmerland: *Provinz ist, wo ich nicht bin.* Weitere Entfaltung der Agonalphilosophie: *Warum ich so urban bin. Eine Theorie der Stadt aus dem Geiste des Agonalen oder: Athen – Texas einfach.* Vom griechischen Ursprung der kämpfenden Geistesverfasstheit. Die Stadt als Geburtsort des Agonalen und der freien, kämpferischen Vernichtung des nicht-agonalen Seins. Texas? Texas! „Urbanität ist Landnahme. Seit es die Stadt gibt, führt sie Krieg. Krieg ist Erscheinungsereignis der Landnahmeverfasstheit städti-

schen Seins, ist vornehmster Ausdruck der Landabhän-
gigkeit der Stadt. Und so der verstädterten Welt von einer
Umwelt, die zu verlanden droht – zu vertrocknen in
kampfloser Unkultiviertheit." Wie aber kämpft der Städter
und sein Urbild, der Faustintellektuelle, Freidenker, Vorkämpfer und Vordenker aller Liberalitäten? Am Schreibtisch, gegen andere Schreibtisch-Städter. Zuerst sei zu
kämpfen um einen Platz am Schreibtisch. Niedere Form
der Konkurrenz, doch vollgültig agonalen Gehalts: *Kon-
kurrenzkampf als inneres Erlebnis.* Die siegreichen Schreibtische werden auf Tribünen montiert, vorkämpferische
Vordenker des Liberalismus nehmen von dort Truppenpa-
raden ab, prüfen Männer und Waffen auf Zivilitätsgesin-
nung und Tötungsfairness, und zwar so unbestechlich,
wie es nur freie Geister, eben *Ungediente* können. Von den
erprobtesten Schreibtischen aus dann Kampf für Deutsch-
lands Platz an der Seite der kämpfenden Nationen Europas. Vorverlegung dieser Schreibtische an die vorderste
Kampflinie: „Deutschland darf nicht mehr die Etappe
Europas sein. Ich spreche für eine Generation, die an
ihren Schreibtischen erhabenen Brandgeruch verspüren
will und vielleicht schon verspürt hat." Rauch der Köpfe
müsse sich mit Rauch des Blutes mischen, Homer und
Heraklit in den Tintenfässern der Epoche schäumen.

Kämpfende Urbanität – agonale Wissenschaft. *Warum
ich so urban bin:* „Ich sagte, Kriege tun uns zivil not. Doch
müssen es die richtigen Kriege sein. Geführt von den
richtigen Soldaten. Etwas Engländerhaftes sollten sie haben, im Tornister jahrtausendalte Freiheitserfahrung tragen, Libertät, die gegen innere und äußere Formlosigkeit

garantierter Rechte schützt; antiutopisch sowieso. Die Zone des Unglaublichen, das Nirgendwo des Erlebten, das schrecklich-erhaben einbricht, schaffen sie selbst, im Kampfe, in der großen Begegnung mit dem Unvorstellbaren von Verwundung und Tod. Und nicht zu laut schreien werden sie dabei. Und unvorhersehbar *wird* sein, was solchen Männern im Kampf begegnet, denn echte Freiheit kennt nur sich selbst, ahnt nicht, dass Unfreiheit zu fühlen und zu schmecken, geschweige zu leben sei. Eine Magna Charta der fairsten Verwüstungen der unfreien Welt; Regeln, die man sich selbst gibt, die man nicht sklavisch-pöbelsinnig von Versammelten Nationen empfing – Originalgenie des Krieges sein!"

Woher die Sehnsucht nach allem Englischen, Pairshaften, Dahrendörflerischen, nach Luftschlagseleganz und Fünf-Uhr-Tee in Basra? Das Kriegskaltblut hat im Leben England nie gesehen, sowenig wie Kriegsschiffe oder Bombenflugzeuge, es kennt – wie viele seiner Jahrgangsgenossen – nur seine Heimatstadt und die weite Welt, das heißt den Ort, den es sich im Kampf am Schreibtisch und Redepult vorstellt. Doch ihm imponieren die engagierten, die konfligierend-kommunikativen Völker – weltweit wirkende Prophylaxis gegen drohendes Provinzlertum. Was aber ist Provinz? „Winselnde Harmlosigkeit deutscher Pastoren, kitzlige Warmblütigkeit einheimischer Friedensfreunde, blühende Geheimnislosigkeit rheinisch-westfälischer Germanisten, lachhafte Händlergesinnung landläufiger Unternehmer, die ihre Rohstoffzufuhr nicht einmal durch Privatarmeen sichern würden. Geheimnislose Rechenhaftigkeit des neudeutschen Menschen, Abgezähltheit seiner Blutstropfen. Händler statt Helden. Dagegen zeigen sich, in Verkehrung bisherigen Vorurteils: Noblesse und Prinzipienstärke jenseits des großen und kleinen Wassers, republikanisch alteingeübtes Kriegertum, polospielbewährter Mannesstolz, Über-Ich in Waffen und feinstem Tuch, prachtvoll o-beinig schreitende Lederhäutigkeit; Leben im Element der Ehre, mächtig düsendröhnend. Urkräfte der Zerstörung gebändigt zu demokratischer Handreichung an den Unterlegenen." So rauscht das Kriegskaltblut durch Buch um Buch.

Lieber hätte es freilich eine eigene Zeitschrift. Denn niemand fühlt sich angegriffen, wenn es nach den Nicht-Agonalen, den Provinz-Menschen stößt. Wie erreicht man Gegner, die man niemals sieht? Indem man von ihnen spricht und verabscheut wird. Ein Monatsblatt, reich an besseren Namen und Zeiten, doch arm an Lesern, hat das Kaltblut schon lange im Auge. Ein Tantenerbe bringt die Wende, zuvor zu erfüllen jedoch der Erbtantenwunsch: Der Name der Zeitschrift sei irreführend, weil auf Vermittlung deutend, Umbenennung unbedingt erforderlich. Wunscherfüllung – Herzenssache! *Mars – Schwäbisches Monatsheft für atlantisch-agonales Wollen.* In der ersten neuen Heftnummer ist sogleich aller Provinz umher der Krieg erklärt! Und dies ab jetzt zwölf Mal im Jahr – dem Kaltblut wird warm um Herz und Füße. Im Zentrum selbst muss der Krieg um die Freiheit des Agonalen beginnen: „Krieg der Provinz! links und rechts, oben und unten, vor allem aber in der Mitte der Gesellschaft, Mittelstand, zum Erobern zu faul und doch von freiestem Wohlstand schlürfend, zu fremdenlegionärem Einsatz zu feige und doch von ihm geschützt gegen die begehrlichen Drängler aus dunkleren Kontinenten ... Läppisch gewordenes Mitteleuropa, das seine kämpfende Einheit nicht begreifen will, lappalienhaftes Land der Mitte, wo die Unphilosophie der Konkurrenzunlust wuchert. Ist Deutschland denn wirklich nicht mehr als ein 80-millionenköpfiges Bielefeld?" Krieg aber auch allen Arten von Orient! „Despotien, die sich im faulen Frieden fest eingerichtet haben, zu Außenpolitik schlicht nicht bereit sind, ihren Völkern agonales Wachsen und Blühen verweigern. Hier bedarf es geduldiger Eingriffe, erst chirurgisch geführt von oben, dann zu ebener Erde – falls dort unten falsches Leben noch atmet."

Die ersten Nummern verfasst das Kriegskaltblut noch allein ... wie im Rausch. Ganz einsam vom Büro nach Hause durch die dunkle Stadt, sich selbst und den schlafenden Bürgern hinter den Fenstern zuprostend mit 1939er Jodokus! Doch endlich auch – Berührung der Welt! Sie strömt ihm ins Büro. Bekanntschaft des *Mitkant*, des *Übernietzsche*, des *Feindbildhaften* (siehe Seiten 132, 203 und 185) und vieler vergleichbarer Geister. Wird die Wärme der Erde wieder wachsen, finden die kalten Kriege endlich ihr Ziel, das die Fünfzigerjahre knapp verfehlten – „diese Zeit experimentell-radioaktiver Erwartung und explosiv-atomarer Spannung"? Die Erderwärmung ist Tatsache, der Zuspruch von den im Frieden Frierenden gleichfalls. Sie stiften ihm ein eigenes Institut. Eröffnungsvortrag dort: Die Wohlstandswachstumswelt hört auf, fade, langweilig, trivial zu sein, sobald sie tötet oder wenigstens töten lässt – was mühselig wieder zu erlernen ist; der Befrei-

ung unseres Volkes durch den Westen muss die Selbstbefreiung folgen durch ein Dasein aus Genuss *und* Gefahr. Dann findet auch der Furor teutonicus seinen Platz
in westlich werdender Weltgeschichte und ihrer Realuto-
pie: dem ewigen Krieg. Rasen lernen! „Es gibt einen Furor,
eine Raserei ins Bodenlose, die sich nicht mehr besinnt,
die Angst hat sich zu besinnen, die sinnen- und sinnlos
sein will, die nach Erlösung schreit in Luft- und Erd-
kampf" usw. usf. Explodierende Zustimmung; Beifall
schlägt pfeifend ein; Kriegsbereitschaft scheint total. Soviel Jawoll muss die Kampfinstinkte des Kaltkriegsblüters
einschläfern. Eine *Hochschulgruppe Kritischer Ärztinnen*
passt den Trägegewordenen vor seinem Institut ab, reißt
ihm die Wollsachen vom Leibe, zwingt ihn in die unter
Eingreiftruppen aktuelle Kampfmontur, bürdet ihm Sturm-
gepäck auf, erzwingt Anlegen der Schutzmaske, drückt
ihm das leichte Maschinengewehr in den Arm und jagt
ihn ein-, zweimal ums Institut. Warm wird es unter der
Maske, knapp wird die Luft. An Kampf ist nicht zu denken, ein Ende aller Kriege wäre wünschenswert. Das
Kriegskaltblut möchte es sofort ausrufen im Monatsheft,
würde auch gern eintreten in die Friedensbewegung, die
jammerselige. Umsonst. Sie hat sich längst aufgelöst.

Der Menschenerkenner

Welcher Menschenkenner hätte sich je zu einer *Anthropologie* herabgelassen? Ganz anders der Menschenerkenner. Er ist der geborene Anthropologe und somit das genaue Gegenteil eines Menschenkenners: Er weiß, was der Mensch ist; was er sonst von Menschen weiß, weiß er eben dadurch.

Der Menschenerkenner weiß aus sich selbst und aus einschlägigen Studien, *was* der Mensch ist, aber ebenso gut, *wie* er ist: geboren, sprachbegabt, befähigt zur Selbstachtung und voller Menschenwürde, im Übrigen aber *„seine eigene Aufgabe"*. Diese Eigenschaften sind ganz unfraglich, er hat dafür „starke intuitive, kulturelle und philosophische Gründe" (vergleiche: *Die Angeborenheit des Menschlichen*), fraglich ist hingegen, wem sie zukommen. Eben dies ist die eigentlichste Aufgabe des Menschen: seinesgleichen zu erkennen, zuerst also sich selbst, so ist Menschen-Erkenntnis immer schon Menschenwissenschaft, Menschenforschung, Menschenpolitik (vergleiche: *Der Mensch – eine Aufgabe für sich*). Aus diesen Zusammenhängen folgert philosophisch eine „Selbstverpflichtung auf das Selbstverständnis des Menschen", wofür „der Selbstanspruch des Einzelnen zu wecken ist". Nur er selbst ist ja der Mensch und als solcher eben das. Der Menschenerkenner erinnert deshalb immer wieder „an die grundlegende Funktion der Selbstachtung, die zum Beispiel in aller Forschung von Menschen an Menschen zu beachten ist" (vergleiche: *Kapitalhumanität durch Humankapital*). Der Menschenerkenner steht, man ahnt es, in Erkennungsdiensten, vornehmlich ‚der Forschung', ‚der Wissenschaft', im Weiteren aber aller Lebenseinrichtungen, die „mit dem Menschen produktiv umgehen wollen" (vergleiche: *Der Mensch – machbar, nicht gemacht*). Dann „hat die Politik spätestens dafür zu sorgen, dass die Selbstzwecksetzung des Menschen nicht preisgegeben wird"; solche Politik, Menschenpolitik, bedarf aber eben der Menschen-Erkenntnis, der Menschen-Erkenner, der Menschen-Wissenschaft im nachdrücklichsten Verstande: Selbsterkenntnis von Vollmenschen, auf alle menschlichen Lebensgebiete anzuwenden. Das Weitere ergibt sich zwanglos: „Wir brauchen nur ernsthaft die zu sein, die wir sind, um die Verbindlichkeit der Humanität an uns selber zu erfahren." (Alle Zitate auch im Reader *Menschenwürde leicht gemacht*)

Menschen-Erkenntnis als Menschenpolitik ist Dienst an der *Menschengemeinschaft*, ist *öffentliche Aufgabe*; das bedeutet, der Menschenerkenner weiß nicht nur (aus intensiver Selbstanschauung), was menschlich ist, sondern er teilt es auch mit. Da musste mancher in der Menschengemeinschaft schon eine böse Überraschung erleben, der sich achtlos und ohne Ernst für einen Menschen hielt und nun zu hören bekam, dass erst, „wer ernsthaft sich selbst wolle" usw. (siehe oben). Unbesorgt um seine angeborene Menschlichkeit darf nicht einmal das ungeborene Menschenleben sein, für dieses gelten nicht die strengen Auflagen fürs menschengemäße Menschsein alles Geborenen, es darf sich (in) aller Freiheit „produktiven Umgangs" mit ihm erfreuen. Darin mag etwas Unheimliches liegen, wie in jedem Umgang mit Ahnungslosem.

Doch „schießt die Warnung vorm biotechnisch bösen Ende allemal übers Ziel hinaus", beruhigen kann da historische Erinnerung: „Schlimmer als die Vergangenheit war, kann die Zukunft kaum werden." *(Menschenpolitik – im Angesicht des Menschen, nicht des Zellkerns)*

Der Menschenerkenner steht in jedermanns Diensten („sofern es ihm ernst ist mit dem Menschsein und -erkennen"), er lebt sein eigenes Menschenleben für alles nur vertretbare Ungeheure, er ist Philosoph durch und durch (siehe Teil I: *Die Verantwortungsfrohen*). Als solcher hat er zwei Dinge zu tun: benennen, was der Mensch ist (am Schreibtisch), erkennen, wer ein Mensch ist (in Wirklichkeit). Die Wirklichkeit, Feld seiner selektiven und kommunikativen Arbeit, umfasst: die circa 200 m von seinem Büro zum Bahnhof und zurück, diverse tägliche Gänge in seinem Institut inklusive Treppen und Halbtreppen, circa 50 m, Sitzen in Cafeterien und Stehen in Lobbys, circa 20 qm, außerdem die (monatlich) vier Meter beim Umsteigen von der Stadtbahn in den Fernexpress zu seinem Heimatort. Hier ereignen sich die vielfältigsten Begegnungen. Der Menschenerkenner hat gelernt, dem Schein zu misstrauen; in wie vielen Greisengesichtern entdeckte er nicht bereits das Nicht-mehr-Menschliche (vergleiche: *Von der Not und Notwendigkeit, am Leben zu sein*), in wie vielen gesegneten Bäuchen beunruhigte ihn nicht schon das Noch-nicht-Menschliche (vergleiche: *Von der anzugebärenden Würde des Menschen*)!

Neben solchen, eher grundlegenden Tätigkeiten ist der Menschenerkenner auf Kontakt zur empirischen Forschung bedacht, einmal wöchentlich ist er in Laboren zu

Gast, wohnt Entkernungen und Verschmelzungen, dem ganzen bunten Treiben in Schalen und Röhren bei, anschließend tritt er vor die Presse (des Gastgebers) und kann aufrichtig versichern, dass der *achtsamen* Menschenbeforschung nichts im Wege stehe, dass er in den kleinen Welten dort nichts von Menschenwürde und -recht entdecken konnte, wie sehr man die Pipette auch drehte und wendete zu seinem Einblick: „Wie ernst es meinen Gastgebern mit kritischer Reflexion auf die Möglichkeitsbedingungen ethisch verantwortbarer Verwertung humanmedizinischen Wissens ist, zeigt sich in der großzügigen Förderung meiner Arbeitsgemeinschaft *Leitbilder der Reflexion*, und zwar weit über den üblichen Zeitraum hinaus."

Man nennt ihn Lobbylaffen, Lakaien des Unheimlichen, Lebenskapitalknilch, heißt sein Erkennen wünschewillig, vollstreckungsfroh, beflissenheitsfrech, ein Biobütteltum? Doch man verkennt so das Grundsatztüchtige seines Wesens, die an ihm selbst geübte und gezüchtete *Kennerschaft* der Humanität! Gewiss, er fordert, dass man „mit dem Menschen produktiv umgehen" solle. Doch *dem Menschen* stößt so ja nichts Unmenschliches zu: Der Mensch hat ein Wesen, was könnte der Mensch, außer sich selbst, sein – was könnte der Mensch außerwesentlich sein? Den Menschen entwürdigt nichts Menschliches, nichts was von Menschen kommt, das heißt von ihm selbst, was seiner Selbstachtung geschuldet ist. Und achtet sich *der Mensch* nicht im höchsten Maße, wenn er an sich selbst arbeitet und forscht – und nichts außerdem?

Man kann nicht übersehen, dass der Menschenerkenner eine gewisse Routine zeigt in seinem Urteil darüber, was menschlich sei. Man bedenke aber: Der Tag des Menschenerkenners beginnt mit einer äußerst strapaziösen Selbsterkenntnis und Selbstbeachtung, gegen Mittag muss er schon Dutzende von Anfragen verschiedenster Schwierigkeitsgrade zu ‚menschlich' und ‚nichtmenschlich' beantwortet haben, gegen Abend warten Aufsätze und Bücher auf ihre Vollendung, aktuell zum Beispiel *Defensionen der Humanität, Reflexionen über das Wesentliche am Menschen, Digressionen zur Anthropogenität* usw. usf. Und selbst zu dieser Stunde noch: unaufhörliches Schrillen des Telefons. Hier fällt man in einem fremden Land oder einer einheimischen Zeitung hinter erreichte Standards der Menschen-Erkenntnis zurück, dort entwichen aus Laboren merkwürdige Mutanten mit humanoidem Gehabe und Mutterliebeswunsch ... Nicht selten findet der Menschenerkenner seinen Schlaf nur im Büro, den Kopf mitten zwischen den vier Spiritus-Föten an den vier Ecken seines Schreibtischs (symbolisierend die vier Weltherrschaftsrichtungen menschengemäßer Biopolitik); in den Nachbarbüros wurden Unterabteilungen zur Menschen-Erkenntnis, Menschen-Prüfung untergebracht, die ihm zuarbeiten müssen ...

Dennoch bleiben Mußestunden. In ihnen schreibt der Menschenerkenner am liebsten *Apologien der Humanität*. Das ist bitter nötig. Es gibt Leute (vielleicht schon in den Büros unter ihm), die wollen nicht wissen können, was ein Mensch ist, die wollen – nichts mit dem Menschen, die können ihn nicht produktiv machen – Leute jenseits des Humanpotenzials. Denen ist nicht zu helfen. Allen anderen aber sei versichert: Es gibt *den* Menschen, er hat ihn in sich gefühlt, es gibt auch seine Würde, er erlebt sie im Ersteklasseabteil aller Expresszüge der Welt, sie spiegelt sich ihm aus gewienerten Abteilscheiben. Es gibt allerdings nichts Menschenwürdiges in den Genlaboren und in den Zelltresoren: er hat genau hingeschaut und nichts gefunden. Die alten Humanismen, mit ihrer Definitionsschwäche, ihrer Bildungswut ... rührend. Doch man muss weder Latein können noch die Altertümer studieren, um sagen zu können, was ein Mensch ist, man befrage einfach sich selbst, das Gefühl seiner Rechte zum Beispiel: Lässt sich überhaupt sinnvoll vom Menschen sprechen außerhalb seiner Rechte? Lässt sich überhaupt *das Recht* auf Menschen anwenden, die es nicht kennen oder gar ihm nicht vertrauen wollen? Geht nicht gerade von denen im Mutterbauch und aus rechtsfernen Weltenden die schwerste Bedrohung aus für das, was ein Mensch in dem Lichte seiner Macht, seiner Würde, seines Rechts sein kann: nämlich ein macht- und würde- und rechtsbedürftiges Wesen? Muss nicht alles ferngehalten werden von solchem, zu Recht wohl vollmenschlich geheißenen Menschentum, was durch falsche Bedürfnisfreiheit lockt? Ist der Mensch nicht am mächtigsten und auch menschlichsten – allein? Ist die einsame, punktgroße, nicht einmal in ihrem Leib auffindbare Menschenmonade nicht *der Mensch selbst*? Der Menschenerkenner träumt von einer menschlicheren Menschheit, von einer Herstellung des Menschen rein aus sich, er träumt von Menschenmache im höchsten Sinne. Von einer menschenwürdigen Welt auch – einer Welt, die nur noch aus Menschen, beziehungsweise Menschengemachtem, beziehungsweise gemachten Menschen bestünde ... besser gemacht als Jesus, Marx oder Zarathustra träumen durften.

Unter solchen Träumen vergehen die Nächte und grauen der Morgen und die Zukunft – welche Gelegenheiten der Menschenerkenntnis wird sie dem Menschenkenner heute erleuchten? Trotz der Nachtarbeit kennt man die Menschenerkenner-Miene nicht anders als kampfesfrisch, doch weiß man auch: Jeder Aufenthalt in der Wirklichkeit, der wirklichen Welt (ausführlicher dazu: *Der Lehrstuhlentschlossene*), birgt Unheimlichkeit, keinem Menschenantlitz ist *ganz* zu trauen, vielleicht wohnt hinter manchen Stirnen gar keine Menschenselbstachtung? Es versteht sich, dass sich der Menschenerkenner am sichersten auf Kongressen von seinesgleichen fühlt, und dennoch – schlugen ihm die dort verschärften Kontrollen einmal beinahe zum Verhängnis aus: Er geriet unter die Nicht-ganz-Anerkannten, die Anthropodubiosen in einer Sortierschleuse beim Einlass ... Nach Aufbietung all seiner Selbstachtungskräfte erst wurde er als Mensch und Menschenerkenner erkannt beziehungsweise anerkannt. Daher seine geistesbiografisch etwas befremdliche Wendung: Nur wer sich selbst *anerkennt* als Bedingung der Möglichkeit von Achtbarkeit, hat Anspruch auf Anerkennung seiner Achtbarkeit, kurz: Menschenachtung.

Keine Frage: Der Menschenerkenner lebt in einer gefährdeten Welt. Ständig entsteht Menschenähnliches neu, das erst noch benannt und begriffen sein will, immer häufiger aber werden auch die Abfälle des Menschen von sich selbst, die Verweigerung der harten Arbeit des Begriffs in weiten Bevölkerungskreisen, der Unwille zu Selbsterkenntnis, Selbstachtung, Selbstbestimmung, ein gefährliches Tänzeln am Rande – des Hochplateaus menschlicher Evolution, das doch so vielen Platz böte in seiner Mitte. Im Menschen kommt ja nicht bloß Evolution, sondern auch Erkenntnis zu sich selbst, woraus folgt, dass allein Menschen-Erkenntnis, Erkenntnis des Menschen als der Evolution seiner selbst, den Menschen macht und zu achten gebietet. Woraus aber auch folgt: Es gibt keine Pflichten gegenüber *der Menschheit*, nur gegenüber *dem Menschen*, „der immer konkret ist, wenn er sich erkennt", „so wie ich, der Menschenerkenner, jetzt und hier" (vergleiche: *Selbsterkenntnis. Das Prinzip der Humanität*). Weshalb alle Pflicht des Menschen nur aus ihm selbst herzuleiten ist: „Der Kern aller meiner Verpflichtungen bin *Ich selbst*, woraus folgt, dass bereits mein Körper und seine Teile kein uneingeschränktes Recht auf Teilhabe an meinem Ich behaupten können. Um wie viel weniger andere Körper! *Ich* stehe in *meiner Pflicht*, wie sollte da jemand Pflichten *gegen mich* erheben können?"

Der Menschenerkenner verkehrt heute in Humanistencafés, das ist ein alter Traum aus der heimatlichen Kreisstadt-Konditorei, in der nicht diskutiert werden durfte. Hier aber, im *Conditio humana*, im *Asylum Vitae*, im *Inter-DNS* usw. usf. sitzt in jeder Ecke ein Humanist anderer Sorte: Autodidakten der Suche nach dem Menschenwesen, katholische, sozialistische, freisinnige, atheistische. Mit einem Lächeln, das nach Überzeugung des

Menschenerkenners verschmitzt und freundlich-ermunternd zugleich aussieht, mustert er die Hitzköpfe in ihren Tabakswolken; viel aufrichtiges Bemühen ist hier zu finden, Gelegenheit für den einen oder anderen Fingerzeig betreffs Menschenwesentlichem. Als einziger Nichtraucher und Nichttrinker (eines Magenleidens wegen ist er Mineralist) gibt er oft den Vermittler all dieser Pfeifen-Köpfe, jeder hat ja ein wenig von der Wahrheit erkannt, der Mensch ist transzendenzbedürftig, gemeinschaftsfähig, wohlstandstüchtig usw., Synthese ist Philosophen-Aufgabe, gern mittelt und mäßigt er hier.

Und dennoch: Seit der Menschenerkenner in einer Metropole lebt, ist er voller Melancholie und Misstrauen, genauer: misstrauischer Melancholie. Sie erreicht ihren Höhepunkt, wenn es dunkelt und er aus seinem Apartmentturm über die Stadt blickt, die Lichter allüberall ... Wie viel nicht menschengemäßes, -wirkliches, -wesentliches, -erkennbares Leben mag sich in all diesen Wohnräumen verbergen, wie viel Dasein ohne Würdebild und Achtungsbegriff mag diese Welt bevölkern, wie viel unbegriffenes, unproduziertes, unvorhergesehenes Menschenleben ... laborferne Lebensgeschichten ... Abfallprodukte der Liebe.

Der Metaphysikgestatter

Wenn auf ihn die Rede kommt, meint man sich meist
verhört zu haben, man verwechselt ihn mit dem Metaphysikbestatter, der aber lebt oberhalb der Erde. Tief in ihrem
Innern dagegen haust der Metaphysikgestatter, oftmals
jahrhundertelang, ohne aufzusteigen. Er sitzt in seiner
Tiefe, schweigt, hört, sammelt Blut und Worte.

Dort oben, im Licht: Gigantenschlachten zwischen
den Metaphysikern und den Metaphysikbestattern, für
ihn, hier unten: fernes Donnergrollen, zuweilen Einstürze
von Kellerräumen und Kanälen. Selten nur hörbar: deutliche, letzte, aufgegebene Worte; doch rieselt stetig Blut in
seine Tiefe. Von ihm nährt er sich, aus ihm schöpft er
seine tiefe Dankbarkeit gegen das Sterben der Metaphysiker sowie seinen Willen zum Aufstieg.

Manchmal, wenn es längere Zeit ruhig war, steigt er
nach oben, sichtet die Gefallenen, planiert den Kampfplatz, gratuliert Verwundeten und Sterbenden zu ihrem
tapferen Schlachten. Man weiß von ihm, er ist bekannt für
seine Großmut, man erwartet das auch von ihm: glättende, ordnende, gütliche Worte.

Es sind fast immer die gleichen: „Mit der Metaphysik
ist's noch lange nicht vorbei ..." (auch: „Mit dem Fortschritt, der Zukunft, den Flugreisen, dem Kongresshotel
... ist's noch lange nicht vorbei.") „Was wären wir ohne den
Reichtum der Tradition ..." (auch: „... ohne die Reichhaltigkeit des Angebots, der Märkte, der Freiheiten, der Rohstoffe.") „Solange es noch Menschen gibt, werden sie fragen, suchen, streben, steigen ..." Der Mensch ist das Lieb

lingsthema des Metaphysikgestatters, das Menschliche überhaupt. Er hat, man ahnt es, auf Teile davon verzichten müssen, um es so lange unter der Erde aushalten zu können. Er lebt ja sozusagen unterhalb des Menschlichen, nährt sich nur von dessen Blut und Tod, weiß daher Menschenwert besser zu schätzen und zu loben als irgendwer. Der Mensch ist verbesserungs-, verarbeitungsfähig, er ist mehr als ein Problem der Physik, die Metaphysik beweist es – die von Menschen getriebene wie die über Menschen gekommene. Oft und am liebsten: „Der Mensch ist viel mehr, als er scheint. Habe ich doch selbst unterm Menschlichen gelebt. Und erscheine ich nicht erst jetzt ...“ und in voller Pracht?

So redet er, so geht er umher und tröstet die Sterbenden, kräftigt die Halbtoten. Durch die lange Zeit in der Tiefe bedingt, kommt der Metaphysikgestatter oft übermäßig in Fahrt, neigt zur Ausführlichkeit dann, geht ins Detail: „Unsinn der Rede vom nachmetaphysischen Zeitalter ... wir können alle Zeitgenossen des Stagiriten sein ... müssen nur wollen.“ Freilich: Beachtung kritischer Errungenschaften; heutige Standards, strenge Prüfung, hohe Anforderungen. Großmütig (beiseite gesprochen): „... dann mögen auch die skeptische Übertreibung, das ewige Bibbern und Wimmern der Zweifler ihren Sinn gehabt haben.“

Nein, es bleibt dabei: Das metaphysische Bedürfnis ist unabweisbar, weil bedürfnisbedingt, bedürfnisnaturbedingt, genauer gesagt, Bedingung des Bedürfniswesens Mensch, das ein Aufsteigerwesen, ein Überstiegstier, ein Mehralsnaturwesen. Wohin man auch schaut als Hochgekommener aus der untermenschlichen Tiefe: überall – wenn auch tote – Übersteiger des Menschen, Dionysosse, Christusse, Sonderbereichsforscher am Transzendenten: „Bin ich nicht selbst aus der Erde gestiegen, über mich hinaus? Schöpfe ich nicht aus *einer* Tiefe *endlose, endlos erneuerte* Überblicke von Trümmer- und Totenfeldern, erblicke ich nicht kraft meiner Tiefe metaphysische Systemtrümmer und sterbefrohe Metaphysiktiere? Sollte ich da nicht, unter den genannten, strengen Auflagen einer kritisch und historisch aufgeklärten Metaphysik, die ich in verschiedenen Reden und Schriften, zuletzt in meiner Broschüre *Selbstübermächtigung. Das Prinzip der Metaphysizität* dargelegt habe, weitere metaphysische Arbeit, die Arbeit am Menschen ist, großzügig gestatten?“

Soweit die *Rede* des Metaphysikgestatters im Zusammenhang. Da bleibt nur wenig Raum für *Gestik* und *Mimik,* beides zieht sich zusammen in dem groß erblühten Gesicht des Metaphysikgestatters, zu einer einzigen Leuchtpracht des *Gewährens.* Alles sagt „ja" in diesem Gesicht, Mündchenzucken, Ohrenwackeln wie von tausend „Genehmigt"-Signaturen.

Ein traditionsreiches, ein geschichtsgroßes Gesichte, das sich da verkündet im Metaphysikgestatter. Die Metaphysik übrigens, die verachtet er herzlich. Doch lässt er sie leben in ihrem Felde. Sie ist so menschlich.

Der Mangelkünder

Der Mangelkünder entdeckt überall Desiderate, seine Rede geht: „Was wir brauchen, ist ...", eine Unterart seines Typs ergänzt: „... und nichts sonst". In gewisser Hinsicht ist er das Gegenstück der *Betonungsreichen* (siehe oben), der die Welt von Wert überquillt; der Mangelkünder erblickt überall Lücken und die Welt – die uns und jetzt bekannte – erscheint ihm wie eine Lücke im Sein, die mit Wert zu stopfen ist. Produktion schafft das, Wertschöpfung. Der Mangelkünder findet es unbegreiflich, dass man auf die Allgegenwart des Mangels noch nicht aufmerksam geworden ist – dabei fehlt es doch an fast allem! Man sehe sich doch nur die vorliegenden Theorien an, der Politik etwa: „Eine Theorie der Politik muss heute mehr sein als eine Aufzählung von schon Gedachtem, etwa von Gerechtigkeitsgrundsätzen. Die Vernachlässigung des Reichtums der Tradition ist, was viele Theorien der Gerechtigkeit für einen Philosophen der Politik so unerträglich macht. Wer von einer Theorie der Politik *ernsthaft*, das heißt erschöpfend sprechen will, der hat auch von Platon, Aristoteles, Seneca, den Stoikern, Justus Lipsius, Grotius, Macchiavelli, Spinoza, Hobbes, Althusius, Pufendorf, Thomasius, Seckendorff, Hume, Locke, Rousseau, St.-Pierre, Fichte, Kant, Hegel, von Stahl, Pareto, Schmitt, Kelsen, Rathenau, Max Weber, Voegelin zu sprechen. Man hat zumindest die großartigen *Ansätze*, die hier vorliegen, weiterzudenken. Ich kann hier natürlich nur *Umrisse* geben" usw. usf. Noch fühlbarer mangelt es an Biografien. Sicherlich ist schon die eine oder andere Arbeit zu Werk und Leben, sagen wir: Immanuel Kants, erschienen. „Doch über die Jahrhunderte der Kantinterpretation ist der *systematische* Zusammenhang zwischen Werk und Leben aus dem Blick geraten. Diesem, jedem *ernsthaft* Philosophierenden fühlbaren Mangel gilt es abzuhelfen. Meine historisch-kritisch-systematische Darstellung will dazu einen *ersten Baustein*" usw. usf. Unangenehm berührt den Mangelkünder, dass man ihn für originell hält, seiner Entdeckungen von Mangel wegen. Er will doch nur das Notwendige schaffen, kann doch nur das Nötigste sagen deswegen, denn überall ist ja solche Not! Eben deshalb muss er aber persönlich einspringen in die Lücken, die überall klaffen, er muss mit seinem guten Namen bürgen – „Ich zeichne hier *Grundrisse* vor, auf denen andere bauen mögen" –, er muss als Person einspringen. Da erregt er, ein lückenspringender Stein, natürlich nicht wenig Aufmerksamkeit! Zwar hinterlässt er überall Umwälzungen, eröffnet er jährlich Neuanfänge („In 100 Jahren Nietzscheforschung ist noch immer nicht der *systematische* Schlüssel zur *Persönlichkeit* Nietzsches gefunden worden!"), doch soll seine Originalität („Originär war ich immer, originell wollte ich nie sein!") ja nur anderen, von Mangel an Aufmerksamkeit verdeckten Originalen dienen. Gern würde er, um die übersehenen Vorzüge der Originale, der toten Denker *systematisch zu erforschen* („gerade daran fehlt es unserer heutigen Historie oft"), auch wohl auf manchen Mangel in dem einen oder anderen Gedankengang hinweisen („ich beschränke mich hier, wohlgemerkt, auf das Notwendigste"), doch ist die Fülle des Mangels einfach zu groß, so ist nur Zeit für Biografien

– für Kurzbiografien: „Meine Einführung soll ein wesentliches Desiderat der heutigen" usw. usf. Fast jeden Herbst versinkt ein Mangel im Buch. Der Mangelkünder schafft so, aus der Not, schöne Literatur, denn der Andrang der Mängel ist allein in der Evidenz des Augenblicks, des schön Geschauten, zu versammeln, ästhetisch eben („hierzu müsste endlich einmal das Notwendige, wenigstens in Grundrissen einer bedürfnistheoretisch erneuerten Ästhetik, ausgeführt werden ..."). Der mangelkündende Philosoph vollendet sich als Belletrist, gleichwie der Gelehrte einst zum Philosophen werden musste vor dem Andrang der Desiderate. Autobiografisch gesagt: „Ich konnte die ungeheure, ja ungeheuerliche Fülle des Vernachlässigten, Fehlenden, Mangelhaften, die nach Bearbeitung förmlich schrie, nicht mehr mit bloß gelehrten Kräften und Mitteln bewältigen, wollte und durfte mich auch nicht spezialistisch verzetteln – zu groß der Mangel, der zu verwalten –, den Überblick galt es zu wahren! Ein Register, eine Theorie, ein System des Mangels war zu erstellen – wie dies leisten und nicht Philosoph werden? Und wie Philosoph vor lauter Mängeln sein und nicht den Mut haben, *systematisch* zu philosophieren? Und der Gegenschlag gelang, die Umkehr ist vollzogen: Heute kann dem Mangel Paroli geboten werden wie noch nie, wir – meine Schüler, meine Bücher und ich – entdecken ihn, ehe er uns überwältigt. Desideratscouts nennt man sie spöttisch, nun wohl, überall melden und verkünden sie Mangelndes" ... das sich noch die Augen reibt und schon überfüllt-überwältigt ist. Derweil sitzt der Mangelkünder daheim, das heißt im Ursprung und Zentrum des Mangels, den er ausfüllt, ununterbrochen, er sitzt und schreibt, hauptsächlich *Vorreden zu ungeschriebenen Büchern*. Er hat das Genre entwickelt und wohl fast erfunden („Urheberrechte anzumelden ist freilich meine Sache nicht"), aus dem Instinkt des Mangelriechens heraus – hätte er's nicht erfunden, dann würde es ja fehlen! Gesucht und erfunden war's aber der künftigen Mangelsucher wegen, der Mangel kommt ja mit dem Menschen in die Welt, was soll der junge Mensch denken von einer Welt, in die er kam, ohne dass sich ein Mangel drin fand – genug, der Mangelkünder hat die Mängel benannt, Nachwachsende mögen sie ausfüllen, hierfür schrieb er Vorworte. „Man ahnt, dass hiermit ein Überreichtum offener Fragen bezeichnet ist. Ahnt man es?"

Die Modernemonas

An einer vielbefahrenen Straße, in einem prächtigen (sanierten) Klinkerbau von unabsehbarem Ausmaß und mit vielen Beobachtungstürmen, wohnt in einem Dachstübchen die Modernemonas. Sie will dem Modernen ganz nahe sein und es doch würdig vertreten, darum hat sie den hohen Ort im Angesicht unaufhörlicher Bewegtheit gewählt. Die Modernemonas hat ihr Leben ‚der Moderne‘, diesem Prinzip der Bewegung und alles Seins aus dem Werden, übereignet, fürs Moderne lebt und leidet die Modernemonas, in jeder ihrer Äußerungen repräsentiert sie Modernität. Zum Beispiel in der Wahl dieses Stübchens als Wohn- und Arbeitsort, Fenster aus blinden Scheiben, durch die nichts hereindringt außer *einem Geräusch in der Straße*. Was sieht – was repräsentiert die Modernemonas also? Alles, was im Innern der Moderne vor sich geht. Dabei kann zunächst offen bleiben, was ‚die Moderne‘ eigentlich ist – Raum, Zeit, Zeitraum –, genug damit, dass die Modernemonas *immer schon* darin war, jedenfalls solange sie denken kann. Auf engstem Raum lebt die Modernemonas mit der Modernität der Moderne zusammen, sie ist übrigens männlichen Geschlechts, hat aber, fortschrittsbewusst, den Namen ihrer Vermieterin übernommen. Wie die Moderne, ist auch die Modernemonas immer nur eine, individuell und unverwechselbar, darum kann ihr alles umher zum Beweis ihrer Eigenart dienen: alle Welt war bis heute anders und ist doch darin nur das Andere des Modernen ... doch davon später. Was die häuslichen Bedingungen der Modernemonas betrifft:

hier fehlt es an nichts, die Moderne, worin die Monas sich eingerichtet hat, ist ein richtiger verarbeitender Betrieb, mit Weltaufnahme, Realitätsreduktion beziehungsweise Wirklichkeitsredaktion, Bewertungsstudios, Druckerei und eigener Poststelle, von dort gehen die Modernismen aus dem Dachstübchen in alle Welt.

Was treibt die Modernemonas den ganzen Tag über? Zunächst einmal: die *Bedingungen der Modernität reflexiv durchdringen*. Das ist leichte Hausarbeit, die vom Drehstuhl aus erledigt werden kann, die Modernemonas muss dazu nur einen Gedanken mal hierhin, mal dorthin wenden. Was dabei entsteht, ist nicht weniger als eine *systematische Theorie der Bedingungen der Moderne*: Diese ist, was nichts außer sich hat, der systematische Einsatzpunkt einer solchen Theorie ist wiederum aber die Moderne, das Prinzip der Verarbeitung selbst. „Eigentlich war der Mensch *schon immer* modern, denn seine Denk- und Sprachstrukturen sind auf universelle Erweiterung – das Prinzip der Modernität selbst – hin angelegt. Doch hat man das nicht sogleich entdeckt. Erst unser Zeitalter, das eben darum das moderne *heißen* darf, hat das gewusst. Dieses Wissen ist aber nichts ohne eine Instanz, die es reflektiert und somit sagen kann, was an der Zeit ist. Diese Instanz kann immer nur eine sein, denn Modernität ist Reflexion der Bedingungen der Möglichkeit von Modernisierung. Modernisierung kann aber nicht zu mehreren auftreten, denn sonst beträfe sie nicht alle Welt, sondern wäre bloß Teil davon. Darum gibt es, wenn es Modernes gibt – und wie könnte es das nicht geben? – nur eine Moderne in der Welt, die unsere, eben die moderne Welt ist, und darum gibt es nur eine" usw. usf. Es sind meist die Morgenstunden, an denen die Modernemonas die Moderne auf den Begriff bringt.

Gegenüber der recht abstrakten Arbeit von Begriffsbestimmung und Bedingungsreflexion findet die Modernemonas willkommene Abwechslung in Hausbegehungen, oftmals in Begleitung von Besuchern. Haben diese die zahlreichen Einreiseschranken und Personenkontrollen überwunden, empfängt die Modernemonas sie mitten im Hause, dabei mitunter lässig an eine der Weltverarbeitungsmaschinen gelehnt. In die Führungen des vor Staunen meist stummen Besuchs streut die Modernemonas wie nebenbei allerlei theoretische Erträge aus ihren Dachstubenstunden ein. Viele Besucher begreifen erst bei solcher Führung, dass sie längst inmitten der Moderne angekommen sind. Da fühlt sich das Besuchervolk leicht wie von lauter Befremdlichkeit umstellt. Die Modernemonas nimmt ihm den Schrecken, indem sie von ihrem eigenen erzählt und seiner Überwindung: „Modern ist, was von allen Seiten auf uns einstürmt. Dem müssen wir gerecht werden. Die Moderne fordert uns heraus wie keine zweite Zeit. Die Herausforderung gibt aber – das ist modernetypisch – *immer schon* die Mittel zu ihrer Bewältigung an die Hand. Theorien der Moderne, ja jedes Reden über die Moderne gehört *immer schon* zur Moderne dazu. Sie ist wissendes Einholen von Modernisierung. Dieses Wissen muss monistisch sein. Darum auch Monas als Titel des Wissenden. Denn wer in der Moderne lebt, darf sich einzig fühlen. Sie umgibt ihn ja von allen Seiten. Ein*seitig*keit dagegen ist – *spätestens* in der Moderne –

unbewusste Eigenart, also Unwissenheit selbst. Wissen in der Moderne kann nicht anders sein als reflexiv, kritische Reflexion, kritisches Wissen. Die Wirklichkeit meiner Reflexion ist damit Ausdruck einer tiefen Notwendigkeit, das Modernemögliche je schon in seiner Verwirklichung zu sehen" usw. usf. Die Hausbegehung macht vorm Oberstübchen der Modernemonas nicht halt. Die blinden, gleichsam nachtschwarzen Scheiben? „Ein Modernetheoretiker hat an seinem Haus keine Fenster. Man muss nicht hineinschauen wollen in die Nacht, die dort herrscht, wo man noch nicht modern sein kann. Ein Modernetheoretiker steht in seinem eigenen, heimlich-häuslichen Licht. Doch ist sein Theoretisieren darum nicht unreflektiert. Moderne ist *immer schon* Reflexion der Modernereflexion. Sie verlangt und *ist* Aufklärung über sich selbst. In der Aufklärung über sich – die einen konstitutiven Teil meiner Arbeit bildet – verwirklicht sich fortwährend die Fortzeugung der Moderne selbst, aus ihrem Urprinzip: der Reflexion. Darum heißt – *spätestens* in der Moderne – ursprünglich zu sein, Philosoph zu sein, durch Theorie der Moderne-Reflexion" usw. usf. Die Modernemonas ist aber auch intimerer Laute fähig. An manchen Abenden sitzen Modernisierte und Modernisierer, nach den grundlegenden Einführungen in die moderne Welt, einträchtig-entspannt beieinander, die Modernemonas und die Vormodernen, Viertelmodernen, Fastmodernen, Neumodernen. An solchen Abenden (meist im Bistro *Trakt des Fortschritts*) gerät die Modernemonas ins Plaudern, sinnt auch oder lächelt still vor sich hin: „Die Moderne hält manche Überraschungen bereit ... Wer müsste nicht sentimental werden beim Gedanken an die Zeit, da die Moderne sich gegen allen Widerstand der Welt formierte, als die Kritik an der Moderne noch von außen kam. Nebenbei gesagt: Wer Paradoxien schätzt, kommt in der Moderne voll und ganz auf seine Kosten ... trifft man doch jeden Tag in ihr Unmengen von Modernekritikern. Was wären die ohne die Moderne?"

Am anderen Morgen, wenn die Ankömmlinge noch schwer auf ihren Koffern und Bündeln ruhen, ist die Modernemonas längst aus dem Haus, zum Beispiel für eine ihrer Werbekampagnen („Für eine erneuerte Moderne ...", „Für eine zweite ... dritte ... Moderne", „Für eine radikalisierte Moderne ..."), manchmal aber auch in „Erschließung des Modernitätspotenzials der noch nicht modernisierten Welt". Solcher *Außendienst* ist der Modernemonas so selbstverständlich wie die Weltverarbeitung daheim (scherzhaft *Weltinnendienst* genannt); ob sie die Welt entdeckt oder über sich aufklärt, ob sie die Unmodernität verarbeitet oder läutert – es ist *eine* Bewegung, „in der Moderne gibt es kein Innen und Außen", die Moderne ist totalitär, ganzheitlich, nicht zuletzt in ihrem Appetit, denn der Naivitätsbedarf der Aufklärung ist so unerschöpflich wie der Rohstoffhunger der Zivilisation. All diese Bewegungen der Modernemonas außer Haus und im Namen der Moderne sind aber nichts weniger als plumpgefräßige Expansion und Aufblähung. Das *Reflexionsprinzip* der Moderne verhindert das – ist Moderne nicht *immer schon* das Prinzip, das Wissen als das Nichts der Welt, das ihr darum an keinem Ende fehlen noch Abbruch tun kann?

Das mögen so die Gedanken der Modernemonas sein, die ihre Spur ziehen hinter ihr wie einen Kondensstreifen und bald verfliegen – in irgendeiner fremden Gegend steigt die Modernemonas aus dem Flugzeug, küsst den Boden oder den amtierenden Diktator und beginnt sogleich: „Die Zukunft ist zwar noch lange nicht vorüber. Doch die Moderne hat auch sehr viel Vergangenheit geschaffen. Was wir brauchen, ist darum längst nicht mehr nur eine zweite Moderne – die wir bereits heute in ihrer Fülle veralteter Modernismen überschauen –, sondern mindestens eine dritte und – zählt man die Reflexion und meinen Beitrag an ihr mit – eine vierte Moderne. Freilich sollte dies, schon aus fortschrittsökologischen Gründen, nicht endlos fortgesetzt werden können. Ich *plädiere* daher für eine *grundsätzlichere*, grundlagenreflexive Weise der Modernisierung. Ich möchte daher *werben* für eine *Radikalisierung der Moderne.*" Hinter den Seilen, in abgesperrtem Raum, entdeckt die Modernemonas aufgebrachte Anti-, Prä-, ja sogar Post- und Amoderne und ähnliches unverarbeitet-unreflektiertes Gelichter. Die Modernemonas reagiert sofort: „Ich *wiederhole und betone*: eine *radikalere, reflexivere Moderne.* Eine solche Moderne ist *immer schon* Modernekritik. Darum verkennt die Sachlage gründlich, wer da meint, die und das Moderne von außen kritisieren zu können. Alle Kritik der Moderne untersteht dem Gebot der Modernisierung. Wer hier nicht mithalten kann, bleibt einfach zurück." Die Modernemonas entschließt sich spontan – das kommt bei ihren Außendiensten öfter vor – zu einer Programmänderung. Der abendliche Ball der Modernisierungswürdigen muss heute entfallen. Vor den regierenden, moderneaufgeschlossenen Militärs dieses an Rohstoffen reichen Landes auf dem Wege in die moderne Demokratie wird sie heute über Modernekritik sprechen. Wo diese unaufgefordert verlautet, kann die Modernemonas zwar ungehalten werden – doch verordnet sie ihrem Antlitz souverän ein Lächeln, als man durch die dunkel werdende Hauptstadt der modernetüchtigen Despotie fährt; nur hier und da blinkt noch Protest-Gelichter.

Schirmmützen, Cocktails; Begrüßung des Gesandten der Welt-, Groß- und Schutzmacht, stiller Blick der Modernemonas in sich hinein, dann Ansprache ins Außen aus Olivgrün: „Wer Paradoxien schätzt, kommt in der modernen Welt voll und ganz auf seine Kosten: Nicht nur bei uns ist der entschiedenste Widerstand gegen die moderne Zivilisation deren ureigenstes Produkt; auch dort, wo sich der Protest angeblich von außen formiert, ist er ein Exportartikel aus den Zentren der Modernität. Die Diagnose vom unversöhnlichen Kampf der Kulturen irrt schon deshalb, weil sie den vorgängigen Zusammenhang der die Unterschiede illuminierenden Kulturkritik nicht durchschaut. Durchschaut man ihn, dann wird man zugeben müssen: Moderne und ihre Kritik, Modernisierung und ihre Güter sind in der Welt *immer schon* gleich verteilt. Das eigene Interesse, Neugier und Abenteuerlust führen die Menschen *immer schon* zusammen, doch warum sollten sie sich dort treffen wollen, wo alles zusammenläuft, in den *Zentren* der Modernität? Diese sind ja, im Gang der kulturellen Evolution, längst ein Teil der gemeinsamen Welt aller Menschen geworden. Die Globalisierung ist folglich nicht nur eine im Denken und Handeln der Menschen schon seit Jahrtausenden bestehende Unterstellung, sondern sie ist eine seit Jahrhunderten wirksame Tatsache, die sich durch nichts so anschaulich bestätigt wie durch die Kritik an ihr. Und so kommt uns heute nicht nur im Fremden das Eigene, sondern gerade auch in der Kritik der Anderen an uns das Ureigene entgegen. Eigenes und Anderes benötigen bereits aus begrifflichen Gründen *immer schon* ein Gemeinsames, in dem sie sich unterscheiden. Lassen Sie es mich mit aller Deutlichkeit festhalten: Globalisierung macht Globalisierungskritik erst möglich. Die Globalisierungskritiker wie die Modernisierungsverlierer gehören *immer schon* zu der Welt, die sie kritisieren. Sie haben nicht erkannt, dass Globalisierung die Bedingung der Möglichkeit der Globalisierungskritik ist. Deshalb greifen die monokausalen Erklärungen der globalisierten Kulturkritik zu kurz, ganz gleich, ob sie die Wissenschaft, die Technik, die Wirtschaft, den Eurozentrismus oder die USA zur ersten Ursache der Globalisierung erklären, die doch nichts als die Weltlichkeit unserer *immer schon* modernen Welt selbst besagt. Man muss, wenn man denn die Moderne kritisieren will, das Ganze der Weltgeschichte kritisieren. Doch wer könnte das?"

Wieder daheim im Oberstübchen, am Schreibtisch und in Gedanken. Der Modernemonas, vor Stunden noch im Schwung des Sprechens, des rhythmischen Klatschens (oder war's Marschieren?) der gestiefelten Audienz, gerinnen die Einfälle unversehens zum Aufsatz. „Das Eigene ist immer nur eines. Besinnung darauf, Reflexion des

Eigenen ist das Prinzip der Modernität. Deshalb gibt es nur *ein* Prinzip, eigentlich zu sein. Deshalb auch gibt es nur *eine* Moderne, aber tausenderlei Widerstand dagegen. Modernisierung ist *immer schon*. Doch einer wird der erste sein, der das reflektiert. Diese Reflexion erfolgt jetzt. Dass die Reflexion jezuweilen *jetzig* erfolgt, ist das Prinzip der Moderne. Das stört einige. Einige stört, dass ich der Einzige bin. Diese Störung ist das Andere meines Sprechens als Einziger. Somit verhalten die Störer sich zu meiner Einzigkeit wie das Geräusch zum artikulierten Sprechen. Mit meiner Stimme bin ich je einzig. Doch ich spreche nicht nur für mich. Denn nur wo einer spricht, ertönt die Vielfalt möglicher Stimmen beziehungsweise die mögliche Vielfalt der Stimmen – sonst würde ja wirklich jeder sprechen. Die Vielfalt des Möglichen verdankt sich meiner sprechenden Einfalt beziehungsweise Einzigkeit. Die Fülle des Vergangenen verdankt sich dem Modernen. Der Reichtum der Modernitäten fließt aus der Einzigkeit des Prinzips der Modernisierung, das ein Prinzip der Individualität ist." Entfuhr da zuletzt der Modernemonas ein Seufzen? Etwas wie Schwäche und Traurigkeit glitzert ihr um die Nasenlöcher! Doch zwingt sie den Gedanken zum Ende: „Erst wo *die eine Welt* den Reichtum aller Welt, die rohen, unbearbeiteten Gaben der nicht-modernen Welt frei und offen entgegennimmt – was nicht verwechselt sein will mit Einreise- und Aufenthaltsrecht der Geber –, wo sie sich also öffnet für den Reichtum des Weltmöglichen, wird alle Welt sich auch zu Gehör gebracht haben."

Mit dem letzten Satz ist der Modernemonas doch eine Art Schmerz zu Kopfe gestigen, dem üblichen Austragungsort ihrer Empfindungen. Sie leidet, im Gedanken an sich, zunächst eingedenk ihrer Freiheit – die Modernemonas ist das einzige Wesen in der Moderne, das sich von dieser lösen kann. Sie tut es zwar gern, von Zeit zu Zeit, um auf die Unentrinnbarkeit des Modernen hinzuweisen, sie reflektiert sich hinaus und die Modernisierten hinein. Doch schmerzt diese Freiheit, auch wenn sie im Dienst am Modernen steht: Wer wendet eigentlich der Modernemonas sich in freiwilligem Dienst zu – wer denkt einmal an *sie*? Die Modernemonas ist freilich nicht selbstsüchtig, ihr größter Schmerz ist ein anderer, es ist ihr Verzicht auf Unsterblichkeit, unsterbliche Modernität, unverlierbare Seligkeit des Untoten. Diesem Schmerz kann kein Seufzer mehr entsprechen. Das Opfer der Modernemonas, ihr größtes Opfer: dass sie für die Moderne, diese verborgene, *immer schon* wesende Ewigkeit sich zur Zeitgenossin machen muss, dass sie deshalb altern wird vor der Modernität des Ewigen mit ihren repräsentativen Reden. Was redet sie denn, was spricht und sagt sie denn täglich? *Was an der Zeit sei*. Welche Religion, Kunst, Politik der Moderne *angemessen* sei. „Man wird sich beeilen müssen ... Man wird jetzt begreifen müssen ... Das Jahr fordert uns heraus in die Zeit ... Das Jahrhundert fordert uns heraus ins Jahr ... Die Zukunft fordert uns das ganze Jahr über ..." Und doch hofft, wen so lange die Moderne nährte, dass diese mehr sein wird als Zukunft.

Der Zweifelstüchtige

Sobald einer den Zweifelstüchtigen um die Ecke biegen sieht, nimmt alles Reißaus, denn kommt er auch in gemächlichem Schritt, so fürchtet man doch das Rasende seiner Zweifel. Der Zweifelstüchtige weiß um diese Wirkungen, er kennt es von klein auf nicht anders. Behütet war seine Kindheit, versorgt waren seine Tage von Anbeginn, doch drängten sich vielleicht zu viele Verwandte um ihn an den Weihnachts- und Namenstagen mit ihren Geschenken. Da konnte es schon einmal geschehen, dass er auf die Frage, wie ihm dies und das gefalle, zur Antwort gab: „Wie meinst du das?" oder „Ist das dein Ernst?" Die Verunsicherung war dann groß, sie wuchs mit den Jahren des Zweifelstüchtigen. Er stammt ja aus einer der tüchtigsten, einer der ältesten Familien des kleinen Landes, um das sich nur freundliche Nachbarn drängen, wie könnte man sich so vieler Freundlichkeit versichern, wenn nicht durch gelegentlichen Zweifel? Irgendwann entdeckte er, dass dies Zweifeln etwas Philosophisches habe, wenn man es in den Rang einer Marotte erhob und sich nach ihr benannte. Seitdem nennt er sich selbst einen bekennenden Zweifler. Sein Behagen an der Skepsis ist grenzenlos, irgendwann teilt er seine Kunst in Lehrbüchern mit. Bei all dem ist der Zweifelstüchtige nichts weniger als aufdringlich. Er ist also nicht jener unvermeidliche Vortragsgast in der letzten Reihe, der vom Thema nichts versteht, aber von einem anderen umso mehr, wovon jetzt bitte schön, in gebotener Kürze selbstverständlich, einmal das Nötigste zu sagen wäre – der Zweifelstüchtige verachtet alles Spezialistische, er ist und bleibt Philosoph. Nur das Ganze, was immer es sei, zieht er in Betracht, im Übrigen lächelt er still in sich hinein. Sein Zweifel ist kultiviert, hat Methode, lässt nichts aus – „Lächle ich jetzt still in mich hinein?" –, über derlei Fragen sammelte sich beim Zweifelstüchtigen eine ungewöhnlich hohe Zahl von Gewissheiten. Wenn er spricht, weiß er, wie er tönt, wenn er schreibt, weiß er, wie er wirkt – „etwas verschmitzt doch wohl" und immer mit einem „fragenden Lächeln".

Am liebsten wäre der Zweifelstüchtige eine Frau geworden, der man ununterbrochen Komplimente macht, die hätte er dann von morgens bis abends geprüft. Genauer: „strengster Prüfung unterzogen" beziehungsweise „schonungslos hinterfragt". In seiner Unschuld ist er übrigens schon vielen Frauen, mit starken Armen und kräftigen Meinungen über ihn, zur Beute geworden und zur Bruchware, auf seine Visitenkarten ließ er drucken: *Leon S. Winter. Philosophischer Abbruchunternehmer.*

Der Zweifelstüchtige ist von bezwingender, dreifältiger Zutraulichkeit: er glaubt von Wahrheiten umzingelt zu sein, er glaubt, die Wahrheiten lohnten die Mühe der Zersetzung, er glaubt an die Zersetzungskraft seiner täglich frisierten Zweifel. Man kann ihm nichts vormachen, er hat alles durchschaut – umso gründlicher, als er nie an was Lebendigem, was Mächtigem beziehungsweise Gegenmächtigem zweifeln würde, das verbieten ihm Sportsgeist und Handwerksehre. Am vergangenen Gedanken zweifelt er viel besser, an allem, was abgetan ist – da entfällt die Erregung der Gegenwart, da lässt sich gemütvoll wägen und werten. Als Gymnasiast hat er begonnen mit den Zeitgenossen des Sokrates, „da gab es manches anzumerken", als Gymnasiallehrer von 30 Jahren ist er bis ins 19. Jahrhundert gedrungen, „hier darf doch wohl kritisch gefragt werden", und täglich entdeckt er von neuem, was über keinen Zweifel erhaben sein kann (Hegel! Marxismus! Kirchenglaube! Geschichtsphilosophie!); kaum noch zwei Jahrhunderte entfernt vom Zweifelstüchtigen, zittern seine Zeitgenossen 2006.

Der Feindbildhafte

Obwohl Philosoph, ist der Feindbildhafte bis auf den heutigen Tag ein bildschöner Mann geblieben, spiegelglatt ist sein Antlitz. Kein gegnerischer Anschlag, kein feindseliger Gedanke hat sich hineingegraben, vom Umgang mit Gegnern und Gedanken ganz unberührt ist er. So möchte man ihn am liebsten *den Feindbildschönen* nennen. Alle seine Feindbilder hat er sich selbst gemacht, darum bleiben sie so bildschön und frei von aller Zornes- oder Gedankenfalte wie er selbst.

Der Feindbildhafte hat nie in seinem Leben einen Feind zu Gesicht bekommen. Er ist in Kriegszeiten geboren, das einzige Kind seiner Mutter und der Letzte seines Geschlechts ... das Land war von Feinden umstellt, von denen zeigte die Mutter ihm grässliche Bilder, damit er sich rechtzeitig zu verbergen wisse. Mit lebenslänglichem Erfolg. Kein Feind hat ihm je ein Haar gekrümmt, er hat nie einen gehabt. Lange blieb das so, selbst als später seine Aufsätze die Zeitschriften und seine Leserbriefe die Zeitungen füllten mit allerlei Wütigkeit: auf Jahre war er unentdeckt, ein Wesen ohne Feinde.

Das Denken des Feindbildhaften ist souverän, es macht sich alle Feinde selbst, vor allem durch bildhafte Reden. Freude am Pauschalen war's, die ihn zum Philosophen werden ließ, zum Bildner von allem und jeglichem. Nie weiß man, von wem er gerade spricht, nie lässt er sich herab, gegnerische Gedanken wiederzugeben, sein Gemüt ist bar aller Polemik, er ist ganz selbstbildselig. Kein feindliches Wort, kein zitierter Satz kommt in seinen

Feindbildungen vor, so darf sich jeder angesprochen fühlen. So hat er es, der Welt beständig unbekannt, doch schnell zu höchster Prominenz gebracht, denn wer könnte irgendwas denken, das nicht dem Feindbildhaften zum Bilde dienen müsste? Ein Robespierre der Wochenzeitschriften und Monatshefte: Jeder könnte gemeint sein, alle müssen zittern vor ihm – besonders aber die historischen Schlafmützen, die sittlich-politisch Zurückgebliebenen, die Verspäteten im Zug der Zeit. Seine Bilder sind ja immer das Frischeste, was der Welt zu bieten ist, ihre Originale dagegen nicht selten schon vertrocknet, verstorben. Was umgekehrt bedeutet: Wer nicht auf seiner historischen Höhe, nicht auf dem Gipfel seiner Feindseligkeit ist, von dem kommt schnell ein Bild in Umlauf. *Profile und Porträts* malt der Feindbildhafte fast täglich. Er hat sich in Psychologie und Kriminalistik umgetan, er ist durchaus kein Nichts-als-Philosoph! Er weiß, woran man seine Feinde erkennt: an ihrem historischen Charakter, an ihren Eigenschaften und Einseitigkeiten. Kann man die benennen, sind die Benannten schon fast am Ende.

Der Feindbildhafte ist langlebig und ein Meister der Wiederkehr: immer blüht er in einer Nachkriegszeit, in einem soeben aufsprießenden Land. Meist einem übel zugerichteten, wie zum Beispiel seiner jetzigen Heimat: ihre Feinde hatten das Beste gegeben zu deren Bändigung, Züchtigung, Kultivierung, hatten sich dann aber zerstritten; nun liegen sie ermattet, fast erledigt. Folgt der Auftritt des Feindbildhaften! Woran erkannte er Feinde, die ihn doch nie zu Gesicht bekamen? An ihrer Erschöpftheit, ihrer Fast-Verblichenheit. Ihrer Bildfähigkeit, ihrer Aussagbarkeit. Ihren Doktrinen, ihren Dogmen. Er zählt und formt sie, gibt ihnen Namen. Ummauert von Särgen toter Doktrinäre scheint er das lebhafteste Wesen in der geistigen Welt.

Lebhaft-gesellig ist der Feindbildhafte ohnehin. Er umgibt sich mit den allerverträglichsten, harmlosesten Leuten. Viele von denen ahnen nicht einmal, welche Bildkraft unter ihnen vibriert. Solche Leute weist er, an manchen Tagen und in kleinen Dosen, darauf hin, dass er von Feinden umgeben ist. Jedes Wort von weniger harmlosen Geistern kann nämlich irgendeine Bosheit, eine Fixiertheit, eine Eigensinnigkeit der Idee bezeugen, deren verdiente Strafe ein Bild wäre, ein Feindbild eben. Der Feindbildhafte hat immer ein, zwei Wörterbücher dabei, da schlägt er nach, was nicht harmlos klang und was Geschichte hat und nicht ahnt, womit es zusammenhängt. Das ist im Leben schon so gut wie erledigt, das weiß nicht, woran es ist, das kommt ins Bild. In des Feindbildhaften Worten: es ist erwiesenermaßen „nichts als", „letztlich nur", „lediglich". Es ist erledigt, eine Ikone, ein Kürzel bloß noch. Er steckt's in sein Wörterbuch und drückt es zum Bilde platt, zum fortan gültigen.

Der Feindbildhafte ist ein Virtuose der Ideologiekritik. Tut ihm einer so, als ob er denke, und sagt so einer ihm einen Gedanken glatt ins Gesicht, als wär's eine Idee, dann greift der Feindbildhafte dem Kerl hintern Rücken und zieht hervor, was letztlich bleibt: ein ganz klares, simples Bild, ein Feindbild. So hat er noch hinter jedem Philosophen einen Metaphysiker, hinter jedem Metaphysiker einen Ideologen, hinter jedem Ideologen einen Menschen hervorgeholt. Das strampelt wohl eine Weile noch, aber der Feindbildhafte hält sich nicht lange auf damit, rasch hat er's zum Bilde flachgelegt.

Der Feindbildhafte ging früh in die Politik und rechtfertigte alle Raketenbeschlüsse. Genauer: er erlaubte sie ausdrücklich. Lieber tot als mit Feinden lebendig. Diese sind, was ins Bild gehört, nicht ins Gespräch. Ansonsten macht er, tief verborgen aller Sichtbarkeit wie nur echte Souveräne, Innenpolitik. Wie ist da die meiste Umsicht zu beweisen, wo die größte Aussicht auf Feindbilder? Als Liberaler. Der Feindbildhafte ist Pluralist und Mann der Mitte zugleich, der einzige seiner Art. Mit blindwütiger Toleranz verfolgt er alles, was sich an den Rändern bewegt, er kennt sich aus mit Verschiebungen, Wackelbildern, hinterlistigen Unschärfen! Wenn sich was vermischen darf, dann doch nur in seinem Bilde davon. Niemand soll ihm den Platz streitig machen, von dem aus er Toleranz übt und wogegen falsche Vielzahl allseitig andrängt. Schon ihre Zahl ist Frevel! Alle Mehrzahl – eine Abirrung von der Einzahl des Liberalen, seiner Großmut, Lebensrechtserteilung und dergleichen, die ja immer nur eine sein kann und berechtigt in der Mitte steht. Freiheit von allen Seiten bedroht, Freiheitssinn in der Mitte, Toleranz hochschäumend aus solcher Enge, feindbildhaft selig er.

Man nennt sein Wüten blind? Das ist falsch, der Feindbildhafte ist nicht blindwütig, er hat ja die Bilder seiner Feinde, in denen lebt und atmet er. Wo dem Feindbildhaften, aus Unkenntnis seiner Existenz zumeist, einer zu nahe kommt, macht er kurzen Prozess: er hält den

Zudringling fest am Genick – und siehe da, der Mensch klappt zusammen, gerät zweidimensioniert, hat nur die Maße eines Feindbilds, ein rechter Pappkamerad. Freilich: Pappe überall, überall Feinde, Feinde raumgreifend – und doch historisch so sehr zurückgeblieben. Leicht zu ordnen deshalb, Gruppe eins: Altmarxisten, Vorgestrige, „Intellektuelle" (so nennt er alle Ohnmächtigen), Gruppe zwei: Peripatetiker, Reaktionäre, „Ewiggestrige" (so nennt er alle, die sich nicht in Laboren vermehren).

Der Feindbildhafte ist, in seinem Ordnungssinn und seiner Gesinnungskraft, die philosophische Zentralmacht schlechthin. Räumlich steht der Feindbildhafte stets in der Mitte der bewohnten Welt, zeitlich steht er am Ende. Sein Platz ist dort, von wo die meisten Feinde ins Bild zu bringen sind. Er verwechselt sich darum immer wieder mit der je amtierenden Weltmacht, den Imperien der Weltzentrierung, Weltordnung, Weltübermächtigung. Jedenfalls mit dem, was je von den meisten Feinden geplagt ist. Da zeigt sich seine andere Seite, sein Sentiment – etwas sehr Zartes, Mitfühlendes. Die wenigsten wissen: In jungen Jahren ist er, meist auf dem Luft- oder Seewege, mit Bomber- oder Atom-U-Boot-Geschwindigkeit, den Feinden der Weltmacht hinterher gereist, die sich überall verfolgt fand auf dem Planeten von dumpfesten Anti-nismen, -tismen und -zismen; der Feindbildhafte war da zur Stelle und stellte zur Rede, was feindselig vor sich hin mümmeln wollte in regionalem Ressentiment-Idiom. Zumindest war das ein Vorschlag, den er den Weltmächtigen machte. Beziehungsweise gemacht hätte, wenn sie sich ihm dauerhaft zu erkennen gegeben hätten ...

Das war früher. Heute fallen ihm die toten Feinde nur so vor die Füße. Immer ist gerade irgendwas am Ende, immer liegt was im Sterben oder wird sich selbst nicht mehr gerecht – hört zu atmen auf – verfällt zum Bilde seiner selbst. Der Feindbildhafte nimmt ihm den Puls und schließt ihm die Augen, hebt's auf und weist ihm den Platz an, klopft vorher den Moder ab, bahrt es auf im milden Licht seiner Modernität, seiner Bildungskraft. Feindfreundliches, leichenzärtliches Schimmern um seine Nasenspitze; Erledigungserhabenheit im Ton: 100 Jahre Arbeiterbewegung – vorbei, 2 000 Jahre Kirchenchristentum – vorbei, 10 000 Jahre Agrarkultur – aus und vorbei. So steht's dann in den *Monatsbildern kämpferischer Zeitgenossenschaft*.

Der Feindbildhafte ist der versöhnlichste Mensch von der Welt, wenn er sich, unter seinen Feinden, einmal eine Ruhe erlaubt. Das Zeit-Bild-Blatt seines Landes nennt ihn sogar *konziliant*. Er hat nichts Feindseliges an sich, allgemein. Seine Rede tönt Harmonie, ihr Grundbass Konsensus.

Dennoch: Zuletzt betritt er mit blutverschmiertem Gesicht den Tag, blutiger jeden Morgen. Morgenkonflikte? Morgenröte härterer Kämpfe? Aber nein! ihm sind die Feinde ausgegangen, ihm ist die Bildkraft erlahmt, er summt vorm Rasierspiegel versöhnlich vor sich hin und schwingt dabei sein Messer – er schließt die Augen vor dem seitenverkehrten Kerl.

Der Lehrstuhlentschlossene

Der Tag des Lehrstuhlentschlossenen beginnt in aller Frühe, mit Entschiedenheit stößt er die Bettdecke fort. Dabei purzeln Bücher zu Boden, die, noch aufgeschlagen, Kissen, Laken und Nachttisch bedecken; bis kurz nach Mitternacht hat der Lehrstuhlentschlossene wieder gearbeitet, fast jede Seite ist am Rand mit Ausrufungszeichen versehen. Man darf ihn deswegen nicht für einen heftigen Menschen halten, einen Choleriker, gar Aggressor im Geistigen. Seine Ausrufe am Rand markieren fast immer Zustimmung. So ist es, so muss man das sehen – sieht man das auch wirklich so? Mit anderen Worten: Der Lehrstuhlentschlossene ist niemand, der anderen in die Parade fährt, Meinungen aufdrängt, im Gegenteil. Seine Meinungen nähren sich von Überzeugungen, die Überzeugungen wieder aus der Lektüre welthaltiger Bücher. Er findet die Welt, wie sie ist, ganz in Ordnung. Nur hat man das noch nicht ganz eingesehen, täglich muss er drauf hinweisen. Daher die Heftigkeit, mit der er aus dem Bett sprang und inzwischen schon das altdeutsche Nachthemd gegen einen modernen Straßenanzug getauscht hat. Eine Fülle von *notwendigen Hinweisen* steht heute wieder bevor. Ein kurzer Seufzer im Gedenken an die Welt, die er gleich betreten wird – ach, so vollkommen, so voll in Funktion, so voller *Konstitutiva* ... und doch so unwissend über diesen Reichtum –, dann verlässt er das Haus. Eine Reihe von Bekenntnissen zur *Weltlichkeit der Welt* steht heute wieder an, der Lehrstuhlentschlossene ordnet sie still für sich beim Gang durch die Stadt, zum Lehrstuhl. Der Geordnetheit der Welt wäre eigentlich nichts hinzuzufügen, nur ist sie in *ihren Bedingungen, ihrer Möglichkeit, ihrem Ursprung* den meisten Menschen verdeckt, also muss man dieser Vollkommenheit der Ordnung durch entschlossenes Bekenntnis dazu *entsprechen*. Er weiß wohl, was die meisten Menschen durchmachen, denen er unterwegs begegnet. Entfremdungen, Verzerrungen, Unkenntnisse der weltkonstitutiven Sachverhalte spiegelt fast jedes zweite Gesicht. Keine Frage, er muss heute wieder energisch werden gleich am Beginn, am besten zu den Versäumnissen der unentschiedenen oder falschentschlossenen Welt-Inwohner, die ja nichts als verkappte Weltlosigkeitsphilosophen sind, Konstitutionsleistungsvergessene. Er hört es wispern in den Straßen. Oder hat er das selbst gewispert? „§ 1 Ungeklärte Begründungsvorstellungen. § 2 Unzulängliche anthropologische Fundamente." § 3 Unzureichende sprachphilosophische Analysen." So mag es gehen. Weiß eigentlich die Bäckersfrau, bei der er wieder nach zu viel Gezuckertem verlangt, welche Fülle von *sinnkonstitutiven Leistungen* für die Bewegung Pfannkuchen – Bargeld – Rückgeld zu erbringen war? Ahnt sie etwas von der vollkommenen *Sinnautarkie* des Wechselspiels? Von der *vorgängigen Offenheit* für die *Begegnung* mit den *Dingen-in-der-Welt*? Doch er kann sich nicht beim innerweltlichen Detail aufhalten, da gäbe es ja noch so viel *aufzuklären, aufzuhellen, aufzuweisen*. Jetzt an den farbenfrohen Industrieanlagen vorbei. Der Lehrstuhlentschlossene darf von sich sagen, dass er ein freundschaftliches Verhältnis zu den Wissenschaften und Technologien pflegt, anders als viele seiner Kollegen, jedenfalls ein konfliktloses. Was er tut, also denkt beziehungsweise bedenkt, geht ja Wissenschaft und Technik ‚je voraus'. Er wird heute wieder, falls ihm einer ihrer Abgeordneten begegnet, „zunächst die These vertreten, dass die Wissenschaften die Frage nach den Bedingungen der Möglichkeit der primären Welt nicht stellen können und nicht beantworten." Man muss streng sein, mitunter, man muss achthaben auf die Sprache dieser ansonsten ja herzensguten Leute: „Wenn sich eine praktisch lebensbedeutsame – auch wissenschaftliche – Sprache von der Alltagssprache (der in der primären Welt gesprochenen Sprache) entfernt, muss unser kritischer Vorbehalt gegenüber ihrer Vernünftigkeit wach werden." Auch ein wenig Besinnung auf die Entfremdungen von der primären Welt täte ihnen gut: „Die praktische Grundfrage: Wozu tun wir etwas? ist undispensierbar. Bereits der Einzelne lebt falsch, wenn er sich in lauter technische Großprojekte verstrickt. Er vergeudet dann seine Zeit. Angesichts des ständig eskalierenden Akkumulationsprozesses unübersichtlich werdender Wissensbestände und technischen Verfügungswissens muss also stets beurteilbar gehalten werden können, was im Sinne der praktischen Lebensorientierungen zu tun und zu lassen ist." Er wird also tun, was er täglich tut: mit Entschiedenheit szientistische, positivistische, reduktionistische Verzerrungen und Verdeckungen der Primärwelt zurückweisen, die jetzt schon – es geht auf neun – drei Stunden in zahllosen Sprachspielen und Sinngebungen am Funktionieren ist. Das klingt entschieden, muss umso entschiedener klingen, als er ja heute wieder der Einzige ist, der das Sekundäre, Überbauliche zurückweist. Passanten schauen ihn so merkwürdig an – vibriert wieder sein äußerer Schädel von den *Bedingungsaufweisen* und *Konstitutionsnachweisen*, die sich drinnen (im *Ichpol* seiner Welt) zurechtlegen? Tatsächlich spürt der Lehrstuhlentschlossene sich mächtig in Schwingung versetzt, das Zentrum der *primären Welt* gibt sich zu fühlen ... und da sind schon Campus, Hörsaal, Lehrpult; ein Sprung, und er sitzt auf seiner Höhe, auf einer Art von fünfbeinigem Nachtstuhl, in dessen Ausbuchtung er sich sachte gleiten lässt; der ist eigens für ihn gefertigt, damit er bei der Heftigkeit seiner Denkbewegungen nicht stürze. Von vorn sieht es aus, als ob er aufrecht stehe hinterm Pult, aber das erlaubt sein Bänder- und Muskelapparat – schon wieder so eine *Reduktion* seiner Leiblichkeit! – lange nicht mehr, er ruinierte ihn sich bei der Jahrzehnt-Studie übers *Eingelassensein des Leibes in die Welt*.

Neuerdings dieses leichte Bedauern, bevor er zu sprechen beginnt; fast Schwermut schon. Wenn doch nur alle Menschen hier oben thronen dürften, zu sehen, wie sie – *intelligibel* – doch *mitten eingelassen* sind in die *leibhaftigsinnliche Welt*. Doch sitzt nun einmal *er* hier, wie müsste er da nicht entschlossen sprechen?

Seine sitzbedürftige Leidenschaft, sein leidenschaftliches Sitzen, seine sitzende Denk- und Lebensweise gab zu mancher Verwechslung Anlass: mit den *Lehnstuhl*entschlossenen etwa, den pfeiferauchenden Sprachtestlern, Experimentatoren der Lokution, den sinnaufhellenden Vettern jenseits des Kanals. Stubenhocker? „Was wäre Welt, wenn ich meinen Stuhl verließe ..." Solche Fragen sind nicht die seinigen, er sitzt schon richtig in seiner

Welt, das und nur das ist aufzuhellen, zu bedenken, zu bereden.

Seine *Entschlossenheit* (um die ihn manche beneiden) ... sie gehört in eine geordnete Welt, eine, wie er gern sagt und sagen muss, *weltliche Welt*, jedenfalls soweit man sie überschaut, von hier oben. Je mehr Ordnung, Geordnetheit – Vorgeordnetheit („Prästrukturiertheit"), wie der Lehrstuhlentschlossene unzählige Male nachwies –, desto berechtigter die *Entschlossenheit* im So-sei-es-Sagen. Ein unverrückbarer Zusammenhang. Der Lehrstuhlentschlossene fühlt ihn und weiß ihn doch nicht, zum Beispiel historisch, psychologisch, zu begreifen – im Unterschied zu jenen Kollegen, die mehr als eine Welt und eine Ordnung gesehen haben ...

Von derlei Vielfaltschwindel wird der Lehrstuhlentschlossene nicht geplagt, er kennt nur seine, eben *die primäre, die Lebens-Welt*, doch will er sie auch begreifen, muss sie wohl auch vergleichen hierzu – nur, womit? Am besten mit sich selbst und im Gegensatz zu Unentschlossenen: Es ist „die reale, die wirkliche Welt", die „reale Wirklichkeit", „die wirkliche Weltlichkeit unserer Welt" ... in der wir jetzt und immerdar zu Hause sind, in die wir nicht erst zurückkehren müssen, wie falsche Bergführer und Waldgänger lehrten. „Ich jedenfalls bin entschlossen, jeden Tag, den Welt werden lässt, von neuem in ihr aufzutauchen." So geht das Jahr um Jahr, geht das ein ganzes Lehrstuhlentschlossenenleben; hinauf, hinab den Lehrstuhl, das Stuhlgebein wird zum Moosgehölz, der Mann wird zum Männlein, das Männlein krümmt sich dem Ende zu, sein Haupthaar wird struppig, der Bart filzig;

leibwesenhaft geht er aus dem Leim ins Amorphisch-Undurchdringliche. Hinauf, hinab, hinzu, hinweg: ungeheure Geschwindigkeit in der Bewegung nun, Farbgekreisel, zuletzt ein grauer Fleck da oben. Wer's sieht, dem scheint, die Entschlossenheit sitze fest.

Der Sekundärentzückte

Bereits als Kind zeigte der Sekundärentzückte jenen Zug zum Universellen, der als sicheres Indiz einer philosophischen Begabung gilt: Er ärgerte sich über die Verschwendung, von allem, durch jegliches, insbesondere aber durch die Natur, die ziellos-fraglos *alles* wachsen und bleiben lässt ... in einer provozierenden Kommentarlosigkeit. Am liebsten hätte er damals, bei dem häufigen Regenfall in seiner Gegend, überall Schalen aufgestellt, auf jeden Tropfen einzeln hingewiesen: so viel Reichtum, so oft nicht beachtet. „Merkt man das überhaupt?"

Die Möglichkeit unbemerkten Reichtums ließ ihn nicht los fortan. Als er anfing, Bücher zu schreiben, war's zuerst ein ähnliches Abschöpfen dessen, was sonst ungenutzt zu versickern drohte, er stellte sich daneben, wies hin, machte deutlich, konnte unterstreichen, musste betonen. Wie wurde er ausdrücklich und eigentlich Philosoph? Reichtum zu zählen, Bücher zusammenzufassen, diese Arbeit des Gelehrten, ist ihm immer noch Verschwendung, denn er weiß doch, was an *einem jeden* Buch ist – ist er nicht der Beherrscher der Attribute? Verdiente nicht *ein jedes* Buch, das bereits existierte in unkommentierter Vorzüglichkeit, dass der ihm angemessene Reichtum des Adjektivs über es käme?

Als Jüngling schon entsprang ihm daher der Sturzbach der Kommentarworte, obgleich noch aus einer gewissen Unentschiedenheit – zwischen Plagiat und Kritik. So das Notat nachsichtiger Älterer. Doch bescherte der Exzess des Adjektivs dem Kommentator ein Entzücken (seine Begeisterung! seine Beurteilungsverzücktheit!), vor dessen Verzerrung man die Augen niederschlagen musste. Als Kommentator-Jüngling ließ der Sekundäre bei jeder Gelegenheit alles Wissen purzeln, es war ja noch überschaubar, es passte zu jedem Anlass; man nannte ihn da auch den Unspezifisch-Entzückten, den Alles-Betoner, den Wichtigkeit-Weiser.

Als Mann von 30 Jahren verteilt er sorgsamer seinen Reichtum: Er schreibt nun *ein* Buch über jedes, das er liest. Merkwürdige Kräfteökonomie ... Kälte eines Nachschreibers? Planhaftigkeit eines Berufsbewunderers? Keines von beiden! Er bewundert ja nur, wo er loben darf, er muss sich nicht zügeln dafür – er hat ja alles *frisch* aus zweiter Hand! (Souverän-lässiger Gebrauch von Kompendien.) Sanfter, verständnisvoller Tadel erhob ihn rasch über die Toten, wohlüberlegte Exaltation des Lobes machte ihn endgültig zum Beherrscher und Züchtiger der Lebenden. Viele von ihnen fürchten sein Lob, man sagt ihm Böses nach: Seine, des unfruchtbaren, geburtstrockenen, nie regnenden Geistes Rache an den Büchern der Primären sei, dass er sie nur lese, um welche darüber zu schreiben. *Giftig* klingt selbst dieses Lob für den Lobetüchtigen: Der Zweiterzeuger bereichere uns, denn er vergrößere die Menge dessen, das nicht zu benötigen wir uns rühmen dürfen! *Perfide* jedoch die Berichte aus seiner Werkstatt, auch *Werkhof des Unnötigen* genannt: Den Lärm um das unnötige Werk begreife, wer ihn dort in aller Stille ausgebrütet sah.

Ein Klassiker ist er trotzdem bald, ein Klassiker der Publikationslistenprosa. Sie bedarf keiner Klasse, um zu leben, nur des Klassifizierten. Ein Lebenswerk aus lauter totem Werk-Leben, entstanden wie nebenher; Zeit für Erinnerungsbücher nun eigentlich, für Bestimmungen eigener Klasse und früher Talentbeweise. Doch denkt er nicht gern an seine Wolkenabschöpf-Zeit zurück. Viel mehr gefallen ihm bergbauliche Bilder seines Tuns: der Autor und sein Kommentator, der Primäre und er, obgleich getrennt in der Arbeit, sind doch vereint in der Sache, gleich Hauern in einem Stollen, an einem Flöz, auf das es aus unterschiedlicher Richtung aufeinander zu geht; er freilich verurteilt zu empfindlicherem Gehör, privilegiert zum Horchen aufs naivere, unbedarftere, zielfernere Klopfen des anderen, der sich zuweilen so gar nicht um Richtung und Sache schere – der einfach nur grabe und mache.

Buch um Buch, Buch über Buch. In seiner letzten Lebensphase – weitere Wandlungen beschloss er auszuschließen – muss er die Bücher nicht mehr lesen, über die er schreibt ... er hat genug gelebt beziehungsweise gelesen, er hat wenig Zeit mehr! Im Furor der Sekundärinspiration nun. Vorzüglich im Taschenbuch findet er seinen Ausdruck (fand er nicht selbst im kleinen Format seiner Jugendjahre alles Wissen, alle Werke zum griffigen Urteilsklotz versammelt?). Höchster Grad des Sekundären, des versammelnden Zugriffs: Biograf sein. Diese Hast, womit er Denkerleben, Primärdasein zu Taschenbüchern verarbeitet ... als ob er ahnte, dass es über ihn selbst nie eine Biografie geben werde. Diese Eile, womit er drucken lässt ... als ob er wüsste, dass niemand ihn lesen wird. Ein neues Pathos beseelt ihn zudem, sittlich-rechtlich vibriert er jetzt, Urteilskraft zittert ihm dauerhaft: Mit der Geschwindigkeit seines Urteils wetteifert allein die Vorzüglichkeit seiner Überzeugungen. Er verabscheut nicht nur die bedächtige Gelehrsamkeit, er verachtet *das Wissen* nun ungescheut, er *überschaut* und *bewertet* es ja in seiner Fülle, ungetrübt von aller Lebens- und Lektürestörung. Er hat – ausgelesen!

Klassifikation und *Benotung* im Bunde, der alles umschlingt und den nichts durchdringt … offenbares Geheimnis seiner Fruchtbarkeit. Sie gibt ihm, unerreicht von aller Wissenschaft, die Zuversicht, dass er es bei sich mit einem Philosophen zu tun habe – nannte man ihn nicht schon in einem Kommentar seines Kommentierens einen *Denker*? Entsetzlich alt fühlt er sich manchmal freilich – entsetzlich naiv scheint ihm alle Welt umher, die so beurteilbar – die so sehr der Entzücktheit, des Kommentars bedürftig. Gebeugt geht er nun unterm Lebenswerk. Endgültig, summativ sein Sekundantenblick auf den Rohstoff der Werkwelt. Glaubhaft seine Versicherung, dass um den Kommentar – zehnmal so dick wie's Kommentierte – kein Weg mehr führe. Vereinfacht schließlich Zeit und Leben: nur mehr Atmung und Ausstoß. Zweipoligkeit aller Bezüge; Frühjahr und Herbst sind die Zeiten, die er allein noch gelten lässt, sein Jahreswerk: jede Menge Bücher, an denen man nicht mehr vorbeikann.

Die Selbstdenkerin

„Man muss eigene Gedanken haben. Solche wie meine."
„Man muss selbst denken. So wie ich." Die Selbstdenkerin
ist kräftig gebaut, obwohl sie nie an etwas zu tragen hatte;
sie trainiert seit frühester Jugend. Der ausgeprägte Hang
zu Selbstsein, -bestimmung, -bewusstsein datiert aus noch
zarterem Alter; eine – fast verfrühte – Fertigkeit zur selbst-
tätigen, sozusagen automatischen, Ausführung von Le-
bensfunktionen, *eigenem* Sehen und Riechen, Atmen,
Kauen und Verdauen, aber auch Gehen und Stehen war
unübersehbar; erst in dem Machen *eigener Gedanken* aber
fand die Selbstdenkerin den Symbol- und Einheitspunkt
all ihrer Lebensregungen. Vom Kopf her kräftigte sich so
die Gesamtperson, andauerndes Training bewahrt das
Errungene. Ihr Muskelpelz macht ihr Gedankenspiel
überzeugend, man spürt: sie will niemandem etwas ab-
nehmen, schon gar nicht das Denken, doch könnte sie es
mit Leichtigkeit. Wie viele hat sie nicht schon zum Selbstdenken ermuntert! Kann man deshalb von Schülerschaft
sprechen? Wohl nicht, das eigene, selbstische, urpersönli-
che Denken ist ja unnachahmlich, da lässt sich nichts
abschauen außer der Unnachahmlichkeit. So ist der
Selbstdenkerin-Blick auf die Schülerschaft mehr ein schü-
lerentzückendes Schweben geblieben, ein Spähen aus
dem Winkel eigensten Geschäftigseins im Gedanken. So
schaut sie auch auf den Rest der denkenden Welt, seit sie
ein *Original* wurde. Man weiß nicht, wie es zu diesem
Titel kam, mit dem die Selbstdenkerin sich erst nach Erscheinen der zweiten Monografie über sie abfand. Jemand

hatte sie wohl beim Selbstdenken erlebt, in einer Versunkenheit und Bezuglosigkeit zu aller Welt, die diese in höchste Erregung versetzen musste. Mitten unter uns geschieht dergleichen! So wurde sie *Original*, Erwähltheitsbuckel in der Beliebigkeitswüste, Ursprünglichkeitsquell im Trockengebiet, aus eigenster Fruchtbarkeit im Regellosen schließlich regelgebend – ein *Originalgenie*. Man *muss* eines werden, wenn man seines Selberdenkens gewiss sein will! Denn den eigenen Gedanken hat noch niemand entstehen *sehen* – deswegen muss man ihn *fühlen, erfahren, erleben*; was man aber *sehen* kann, ist der fertige, vergangene Gedanke, ihm muss unverwechselbare Eigenart aufgeprägt werden. So lebhaft und gefühlvoll, vital und zugleich sentimental denkt aber allein das Originalgenie, das überhaupt nur denkt, um sich an seinen Gedanken zu besitzen, an Originalgedanken ...

Man weiß nicht, was aus der Selbstdenkerin geworden ist. Kann Originalität ein Schicksal, wenigstens ein Alter haben? Wird sie ergrauen in ihren Gedanken? Bilder ihres Alters – unvorstellbar. Bettina-von-Arnimhaftes Kindstoben – das wäre denkbar. *Als Kind* jedenfalls war sie jener bezaubernde Fratz, der am Familienabend seine heiteren Besinnlichkeiten aufsagen durfte.

Der Übernietzsche

Keine Frage, er muss sich für einen Philosophen halten: er hat „über Nietzsche gearbeitet" ...

Eine Kindheit ohne Staunen, eine Jugend ohne Stürme. Ein ewiger Knabe von knäbischem Ernst, ausgezeichnet in Turnen und Religion, ansonsten ohne Auffälligkeiten; von Mutter und Pfarrer aber früh für Größeres beiseitegestellt. Nicht eigentlich grausam, doch etwas langsam im Gefühl, daher noch nachtretend den kranken Hund, wo dieser längst ein toter Hund und die andern Knaben bereits neuen Spielen zugewandt. Diese Langsamkeit auch anderswo: quält seine Umwelt durch künstliche Pausen beim Versaufsagen, in den Bibelstunden. Die unvermeidlichen Kränkungen unter Knaben – ihn beflügeln sie an stillen Nachmittagen zu langen Niederschriften, Deduktionen erlittenen Unrechts (die Schwester: „unser moralisches Brülläffchen"); er schlägt nie zurück ins Gesicht seines Gegners, räumt vielmehr gerne ein, weiß durchaus zu schätzen, muss allerdings darauf bestehen, möchte sich doch recht verstanden wissen (die Mutter: „ein konziliantes Kind"). Nach überstandenen Masern eine sprachliche Eigenart: ein ständiges „Versteht man mich?", in späteren Jahren erweitert um ein „Man hat mich noch nicht verstanden". Auf Ersuchen des Kantors, durch Nachgeben des Pfarrers schließlich ganz vom Gesang befreit, zu besonderer Verwendung isoliert – etwa zum Exzerpt von Kant-Werken, zum Abschreiben von Predigten, zum Aufsagen ganzer Kant-Paragrafen und Predigttexte beim Abendtee vor Pfarrer, Lehrer, Apotheker und Tanten; dies alles nach vergeblichem Versuch, sein überlautes (nie jedoch falsches) Singen im Chor zu glätten.

Stets allein, doch ohne Talent zur Einsamkeit. Geselligkeit nur als Gesellschaft, Gesellschaft nur als Gesetzlichkeit, Gesetzlichkeit nur als Gerichtsbarkeit kennend. Ein früher und folgenreicher Auftritt: das Tribunal der Chorknaben im leeren Klassenzimmer, unter seinem Vorsitz, unterm Bildnis Adenauers (oder W. Piecks?), sie halten Gericht über das Aussiedlerkind, das nicht Individuum, nicht Subjekt, nicht entfaltete Persönlichkeit sein will wie seine 30 Richter in Lederjacken und mit Transistor, ja, das nicht daran denkt, sich irgendeinem Fortschritt anzubequemen und das sich von der Fernsehstunde im Pfarrhaus ausschließt. Entfernung vom Kollektiv der Individualisten lautet die Anklage, tägliche Selbstbestimmung das Urteil, zu vollziehen in symbolischer Selbstabschaffung der Selbstlosigkeit. Das fremde Kind geht in sich und geht ein, die Sache zieht Kreise, den Anstifter und Vorsitzer nimmt man aus der Schule, viel Sport wird ihm verordnet. Doch auch das Strampeln und das Schwitzen erreichen sein Gemüt nicht mehr, es bleiben eine knäbische Härte und ein knäbischer Hochmut. Sechzigerjahre enden, Selbstbesinnung beginnt ...

Einen kurzen Daseinsmoment schwebt alles: Soll er seine eigene Studentenunruhe entwickeln, Revolutionär werden beziehungsweise gewesen sein, um sich dereinst zum Beamten zu eignen? Der Verlängerung des asiatischen Krieges, nach Maßgaben kritischer Vernunft natürlich, im Gemeindeblatt zustimmen? Oder ist dieser Krieg vielleicht schon Vergangenheit, so dass man ihn verurteilen muss wie bereits den letzten europäischen, als ganz und gar empörend und lebensfeindlich, weil nicht lebensfähig? Eigentlich gibt es nichts, wozu er keine Meinung hätte, er könnte überall mitreden, denn nach der Kant-Lektüre scheint ihm jede Antwort möglich, wofern man nur recht kritisch sich verhält, doch mag er sein Wort nicht zu billig abgeben, er will auch gefragt sein. Soll er Pressesprecher werden (sein Drang zur Verlautbarung), Sektenbeauftragter (sein Hang zur Wachsamkeit), Parkplatzwart (seine Lust am Etikettaufkleben)? Oder gar alles zusammen? Wäre da Philosophsein nicht das Richtige? Ein letzter Besuch beim Pfarrer, vor dem Gang in die große Stadt, gilt diesen Fragen, sein Gönner antwortet (laut zweiter Autobiografie *Warum ich wurde, wie ich bin*): „Sie sind zum Meinen und Urteilen geboren, suchen Sie sich einen toten Philosophen, über den kein Urteil ganz falsch sein kann, und klären Sie über seine Bedeutung auf, lassen Sie die Finger von Gottlieb (sic!) Frege, suchen Sie sich einen Dichterphilosophen und übersetzen Sie ihn ins Prosaische, auf dass er in der kritischen Öffentlichkeit bestehen kann, so werden Sie bald selbst einem Philosophen gleichen, pflegen Sie Ihre Auffälligkeit und überbieten Sie das Bisherige durch ungewöhnliche Kombinationen – seien Sie unseriös *und* langweilig! –, seien Sie lieber der Esel der Macht als der Löwe im Recht (aber brüllen Sie – im rechten Moment – ein goldmähniges I-A!), bleiben Sie ein guter Protestant auch in der Stadt der neun Klöster und der Kommunardencafés, bewahren Sie sich Ihre Meinungskraft, Ihre strenge Gesinnung, und verharren

Sie bei einer Handvoll Erfahrung, im Denken wie in allem, finden Sie Ihre Tiefe und Ihren Philosophen draußen in der Stadt."

Dort geht alles sehr schnell, in seinem 25. Jahr ist er Student, Maoist (Flugblätter gezeichnet: „Der Neue Mensch"), kurz darauf Sozialdemokrat („Mehr Mehrheit wagen"), bald aber von den werktätigen Massen restlos enttäuscht („Mangel an revolutionärer Präsenz"); Begegnung mit der Frau – unwiederholbar, unwiederholt – im Dunkelzimmer des Internats, er klammert sich (mangels kritischer Maßstäbe) an den einzig massiven Gegenstand im Raum, dieser erweist sich bei Licht als Nietzschebrevier, im biografischen Vorwort findet er sich aufs Jahrhundert genau nach dem aus Röcken geboren, dies kann kein Zufall sein und entscheidet für sein weiteres Leben: Er *betont* fortan „*dezidiert* die *Wichtigkeit* der *Anstrengung*, die Rolle von Nietzsches *Bedeutung* im letzten Jahrhundert *angemessen kritisch-systematisch zu interpretieren*", er gibt, noch als Student, eine eigene Zeitschrift heraus *(Der neue Ansatz)*, am Ende der Dozentenjahre in der Stadt mit dem großen Münster sind bereits zehn Nietzsche-Aufsätze verfasst. Vom Logik-Unterricht übrigens, nach wiederholten Versuchen und in der Nähe des Scheiterns, ward er dispensiert, es fand sich ein Gönner im Kollegium: „Ich verbürge mich für ihn ...", trotzdem bleibt, für immer, eine Wut auf Logiker und Logisches (vergleiche Traktat: *Logiker! Aus! Ekel!*). Sein Philosophendasein beginnt er, wie im Lande üblich, als Historiker, von „äußerst kritischem Bewusstsein" freilich und „festem Willen zu gestalten" („An die Öffentlichkeit gehen!"): Regelmäßig organisiert er *philosophisch-politische Tribunale*, historische Vorarbeit hierfür: Arbeitsgruppe zur *Erstellung politisch-philosophischer Profile*, zunächst noch im Arbeitskreis *Nietzsche und die Sozialdemokratie neu denken*. Geschäftsleute der Kleinstadt spenden hilfreich, etwa Schaufensterpuppen, bei den Tribunalen werden diese mit ‚unerträglichen' (bis 1977 vor allem: ‚reaktionären') Thesen behängt; umstellt von den Pappkameraden agiert nun der Agitator gestenreich; mittels Vernehmung, Empörung und Ellenbogen gelingt der Durchbruch, Puppen poltern, Freigeist leuchtet auf. Tatsächlich: „öffentliches Bewusstsein nachhaltig geprägt" durch immergleichen Ablauf dieser Tribunale, flankiert von Wandzeitung, Unterschriftenliste, Bekennerschreiben an Lokalautoritäten („Wir als Philosophen verurteilen, was uns erst jetzt bekannt geworden" usw., „Empörende Verunreinigung meines Lehrstuhls durch totalitäre Vergangenheit, die ich aufs schärfste" usw.). Im Rückblick: „Die gesunden, treibenden Kräfte des Lebens galt es in jenen Jahren zu fördern, das kranke, weil vergangene, wortlose, lebensunfähige Leben zu übertönen, mit Nietzsche zu sprechen: *Der Philosoph als Arzt der Cultur* musste dem Leben selbst zum Munde reden – was ich denn tat. Versteht man mich? Der Philosoph als Arzt muss krankes und erstorbenes Leben brennen und schneiden, muss angehen wider den Geist der Schwere, Trägheit, stumpfen Faktizität. Am stumpfesten aber ist die Vergangenheit, gerade die ganz und gar überwundene. Sie meint sich kritischem Urteil entziehen zu können in ihrem Verschwundensein. Hier gilt es, keine Ruhe zu geben. Man muss den Mut zur Verurteilung finden, zur gerechten

Empörung – nicht bloß über die Meinungen der ewig Gestrigen, sondern über ihre Existenz und – hier kennt Engagiertheit kein Halten – über die Existenz eines Gestern überhaupt. Man versteht, dass ich, was immer Vergangenheit sein wird, verurteilen musste und muss. Versteht man mich?" *(Mein Weg als Bekenner und Schriftsteller)*

Die achtziger Jahre des Jahrhunderts sehen ihn als Leserbriefschreiber und meist empört, aus Medien und Märkten sammelt er die Empörungen der Zeit und bündelt sie in einer einzigen, dadurch wahrhaft *philosophischen* Empörung – fast keine Woche ohne „meine Hinweise und Anmerkungen" und ein „muss ich entschieden gegenplädieren"; der größte Romanautor des Landes wird auf den Spaltenmann aufmerksam, der gern in der Schräge schreibt („In meinen *Reden und Schriften* habe ich *wiederholt* darauf hingewiesen, wie *unerträglich* es ist" usw. usf.) – bald ist er Romanfigur („So was wollte über Nietzsche arbeiten ...", *Brandung*, 1986, Seite 55), ohne darum zu wissen. Geht er schon der Macht nach? Man beobachtet einen zunehmend merkwürdigen Gang – wie *auf krummen Beinen* – geht ihm schon die Macht voran? Im übrigen wartet er ab, was zur 100. Wiederkehr des Wahnsinnsjahres Neunundachtzig geschehe.

Der Übernietzsche (ÜN), wie manche ihn nun schon neckisch nennen, verfällt nicht dem Wahnsinn wie die anderen bei Ausbruch des Jahres; vielmehr „beschließt er, Politiker zu werden", wie es in der dritten Autobiografie heißt (Mitglied ist er jetzt ohnehin bei allen vier Parteien des Landes, eine fünfte, rundum erneuerte verweigert dem ÜN – maokostümiert bis heute! – wegen totalitärer Vergangenheit den Zutritt); er sucht die Nähe von Wissenschaft und Wirtschaft, sein „Angebot an Geist und Geld": „Mit Nietzsche fit für die Zukunft". Kein Kampf mehr um die Erdherrschaft ohne ihn, den Fachmann für Menschenwesen und Menschenrecht sowie Hinauswuchs des Menschen über sich durch Mehrverbrauch und Mehrproduktion. Programmatischer Aufsatz: *Der Mensch braucht mehr, als er ist,* Deduktion: Südfrüchte – Erdöl – Edelhölzer der planetarische Menschheitsbedarf, Nahrung – Heizung – Schreibtisch der universale Menschheitsweg, „ein logisch-historischer Aufstieg gleichermaßen", Schreibtische schließlich als Orte der Transzendenz, Tanzseile hinauf ins Gipfeltümliche: „Leben ist mehr als Leben, ist Aufsätzeschreiben" ... Nietzscheaufsätze. „Sein Recht aber hat das Leben in der Macht", weltgeschichtliches Leben gedeiht nur besonnt von Weltmacht. Deduktion: Nur eine Weltmacht kann uns den Weltfrieden zu übermenschlichem, weltweit wirkendem Schaffen an Schreibtischen garantieren; leider versagten die bisherigen Anwärter auf Weltübernahme. Der ÜN verlässt darum – zeitweilig – seinen Schreibtisch, „geht in die Politik", macht große Politik beziehungsweise macht sie „allererst möglich", sucht und findet Möglichkeitsbedingungen. Der Ausstoß der Aufsätze nun verdoppelt, die Unschuld der frühen Jahre *(Nietzsche und Marx, Nietzsche und die Kunst, Nietzsche und die Geschichte, Nietzsche – ein Sokrates des 19. Jahrhunderts n. Chr., Sokrates – ein Nietzsche des fünften Jahrhunderts v. Chr., Für Nietzsche und das Grundgesetz!)* ging freilich dahin; den „Führer ins geistige Tierreich" nennen ihn einige, den „Klein- und Werwolf der Schwachen" andere, mit Blick auf seine leibseelischen Maße und seine Mandanten: von Gewissensnot zernagte Minister, Aufsichtsräte und Präsidenten, die vor Körpern, Menschen und Bürgern falsche Zartgefühle im Zugriff zeigen, ja zurückzucken mit ihren Instrumenten; ihnen spricht er „über Nietzsche", springt er bei „mit Nietzsche", bis er schließlich nur noch *der Philosoph, das gute Gewissen seiner Epoche* heißt („ihr sollt nicht denken"). Auch der Ruhm holt ihn ein, der ihm in Pfarrhausstunden einst geweissagt. Unter den Philosophen dieser Welt weiterhin unbekannt, selbst unter den nietzscheverarbeitenden, erregt unter deutschen Psychologen Aufsehen sein Ausspruch: „Nietzsches verzweifeltes Philosophieren ist eine Suche nach sich selbst." Auf Psychologentagen ist er fortan unabkömmlich, *Erschütterung* löst aber erst ein Urteil aus, das mehr sein muss als nur Psychologie, der ÜN fällt es zum hundertsten Todestag seines Vorgängers: „Es bedarf keiner besonderen Betonung, dass der Verfasser des Zarathustra sich überschätzt hat." (Im Tumult fast unhörbar: „Ich habe starke Hinweise darauf.")

In großen Zügen, auf Schweizer Bergen, nun „längst fällige und vollständige Umwälzung der forschenden Nietzschebefragung in deutend-interpretierender Absicht" – großzügig gestiftete Unterkunft (Hütte alpin), Licht von dort ins Tal, manchmal auch Geheul wie vom Wolf. Morgenblätter und Zukunftsjournale verbreiten, was nächtlich empfangen an *Einsicht und Weisung*. Programmatisch: „Nietzsches Tod steht am Beginn des 20. Jahrhunderts. Das 20. Jahrhundert ist damit eine Zeit des Philosophierens nach Nietzsche. Die bedeutenderen der Philosophen des 20. Jahrhunderts haben Nietzsche ausnahmslos zur Kenntnis genommen. Diese oft vergessene Tatsache ist in ihrer Bedeutung herauszuarbeiten, damit allererst verstanden werden kann, warum und in welchem Sinn ich das 20. Jahrhundert ein epigonales Jahrhundert nennen durfte." (zitiert nach: *Der Nietzscheaufsatz in Vergangenheit und Gegenwart*) Weiterhin: „Es muss einmal ausgesprochen werden: Nach 100 Jahren Nietzscheforschung stehen wir erst am Anfang. Man hat, so scheint es, immer noch nicht den *systematischen Zusammenhang* von Nietzsches Leben und seinem Denken hinlänglich gewürdigt, insonderheit das Faktum seiner Herkunft aus einem protestantischen Pfarrhaus. Hier gilt es mannigfache Aufklärungen zu leisten. Einem Aristoteles-Monografen sei Verzicht auf die vita des Philosophen gestattet, einem Descartes-Monografen sei sie verziehen. Das Unverzeihliche einer Missachtung des hinleitenden Wesens von Nietzsches Leben für sein Werk aufgewiesen zu haben, darf ich wohl als nicht geringe Vorleistung zu einem künftigen Nietzscheverstehen in Anspruch nehmen. Man begreift nicht, dass hier *ein Mensch* philosophiert – dass ohne *anthropologische Grundlegung* dieses Philosophieren nicht zu würdigen ist. Man begreift wohl, weshalb bisherige Biografik, mag sie auch allen Fleiß und allen Scharfsinn aufgeboten haben, fortan unmöglich genügen kann." *(Nietzsche als Denker in seiner Bedeutung)*

Die Wegweisungen aus dem Nietzscheverstehen beschränken sich nicht auf die *Theorie* – der ÜN betreibt bald eine äußerst erfolgreiche philosophisch-psychologische *Praxis* (sein Publikum hauptsächlich: am Menschen irregewordene Anthropologen); drei Säle in einer stillgelegten Fabrik, alle „geschmackvoll und individuell gestaltet" wie auch die Liegen und Nachttische, darauf je das ÜN-Brevier *Von der Vermeidung der Gedankenblässe.* Selbst die heimische Einrichtung des ÜN (zinslos der Kredit nach seinem Vortrag: *Samenbanken, Kreditbanken, Datenbanken – Ursprungsorte höheren Menschentums*) gereicht ihm zur Prominenz. Denn es verfolgen Missgünstige ihn bis vor die Haustür – in der Lokalpresse munkelt es von Züchtungen, von widernatürlichen Anpflanzungen rund um die Villa, durch den Sicherheitszaun will man gesehen haben: menschenförmige – oder menschliche? – Körperteile auf mannshohen Gewächsen im Vorgarten, bei Wind und Regen auch Weinen und Jammern von dort; geraunt wird weiterhin, beide Ohren des ÜN entstammten derlei Gartengewächs, da die Originale unbrauchbar geworden durch die Attacke eines wütenden Missgezüchteten, der sich in dem einen Ohr festbiss und das andere abriss. Viel Beachtung daher für den ÜN-Vortrag *Menschenzucht und Menschenrecht.*

Das Militär wird auf ihn aufmerksam, auch was damit zusammenhängt an Pharmazeuten und Panzergestaltern, doch setzt er *den Primat der Politik* schnell durch, und das heißt: *der Philosophie der Politik;* zwölf Vorträge an den Hochschulen und Kasernen, und die Uniform ist vom ÜN gebändigt wie zuvor bereits der Kittel – kein Militäreinsatz, kein Menschenfleischversuch mehr ohne Voranfrage bei ihm, ob dies rechtundwürdekompatibel; er muss gar nicht sagen, was man soll, denn er lässt wissen, was man darf (Leitartikel: *Die Unschuld der Labore*), so macht er doch noch *Große Politik,* er, Herausgeber ja auch der *Jahreshefte zur geistigen Größe.*

Überhaupt: *Größe.* Sie ist ÜN-Spezialgebiet, hat er doch „die Vielfalt ihrer Aspekte wegweisend und fächerübergreifend fruchtbar gemacht" in dem Essay *Menschenwürde in Öl gemalt. Kleine Apologie der Größe*: Wir noch lange nicht *letzten Menschen* wandeln Kriege in Handel, bringen Menschenrecht für Menschenwürde, unsere nämlich, die sich an Ölbetriebenheit wärmt und ins Himmelhohe wächst; nennt man dies beheizt-betriebene Sein aber nichtig und gar nicht übermenschengroß, wäre einzuwenden: Die Größe des Menschen wächst mit der Nichtigkeit der Sache, für die er stirbt oder wenigstens sterben lässt, insofern hätten die Verzwergtheit der Ziele und die Ungeheuerlichkeit der Mittel den Menschen groß gemacht; wie auch immer, nie war soviel Menschengröße wie heute, dies zu erkennen sei vornehmster und bislang verkannter Gegenstand philosophischen Eifers (*Jahreshefte zur geistigen Größe,* Sonderband). „Wir müssen uns nicht so klein fühlen, wie Ewiggestrige wollen", wenn und weil nämlich *Übermensch* und *letzter Mensch* dasselbe. „Wir sind das Letzte! Wir wissen es längst. Wir sollten es wahrhaben!" Auch aus dem All weht Größe entgegen: „In einem menschenfeindlichen Kosmos bedarf alles Humane der Wärmung, insonderheit aber das Übermenschliche – der Ölbeheiztheit seiner Würde." Bohrgesellschaften, schüchtern sonst im Metaphysischen, fassen Mut, laden ein, halten Rücksprache fortan ...

Und *die Politik selbst, die große Politik?* Nietzsche und seine ungeborenen Brüder dachten „kleinkariert", als sie *der Erde treu bleiben* wollten; wer solche Treue pflege, sei selbst nicht besser als die Erde, woraus er gemacht; um Mensch zu sein, müsse man vielmehr „über den Menschen und *auch über Nietzsche hinaus*" auf andere Planeten, damit werde auch „von Menschheit erst emphatisch die Rede sein können", die Einigung der Menschheit aber vollbringe große Politik, reine Politik, Machtpolitik. Das Kleinklein von Wirtschaft und Sozialem nutze sie (eher nebenbei), ohne ihm zu verfallen, ihre Bedingungen verteidige sie, ohne ständig an sie zu denken (philosophengleich sei sie darin); Macht der Welt repräsentiere sich in gewissen Völkern, diese wiederum in den Philosophen, der Philosoph sei eigentlich Ermächtiger der Macht (vergleiche den Jubiläumsaufsatz: *Was Nietzsche uns heute bedeutet – Was ich Nietzsche bedeutet hätte*). Er beweise, dass ein Mensch mehr sei als ein Selbst, das sich nur *behaupte*; sich zu *beweisen* gelte es, die ganze Weltgeschichte und insbesondere die Geschichte der Automobilindustrie links der Elbe 1949 ff. zeige, wie „der Mensch sich selbst zu steigern vermöge in einer synoptischen wirtschaftlich-organisierend-politischen Anstrengung: Die Zukunft ist noch lange nicht vorbei, das selbstbestimmte Selbst enthält sie." Glück: in einer Zeit zu leben, da sich selbst zu erhalten sich selbst zu steigern heißt und Arbeit am Überschüssigen das erste Gebot der täglichen Not. Not und Notwendigkeit der Steigerung! Pfeile der Sehnsucht über uns hinaus, mögen sie uns selbst auch treffen – auch Leiden verhilft zur Transzendenz, das wissen der Gott am Kreuz und der Mensch im Taumel (ausführlich in: *Wie ich noch unschuldiger als Nietzsche blieb*).

Derlei auch *deutlich gemacht* beim Staatsbesuch, zwischen zwei Orientkrisen. Tobende Menge um die Straße, inmitten des Tobens, Menge unterwandernd und überragend zugleich, der Unschuldsmensch mit dem Pappschild, worauf gut lesbar: „Der Macht das Recht"; Kanzlerin und Präsident, im Vorüberschweben offenen Gefährts, nehmen Notiz, doch es trägt sie weiter, so durchbricht der Bekennerzwerg das Gewühl, holt das Herrscherpaar auch ein, erzwingt erneute Notiz durch ohrenfälliges Hurra, augenfälliges Schildwippen, endlich wendet sich der hochsitzende Gast zu dem Mann mit der Pappe, zeigt ihn der Gastgeberin, die nickt beifällig; darauf erste Einladung in die neue Welt, Vortragsreihe „Was der Freigeborene nicht sieht. Antiamerikanismus auch unter Amerikanern": *Nietzsches Lehre vom Ressentiment* „hinleitend interpretiert und fruchtbar gemacht" in einer „streitbaren Erkenntnistheorie für die neue Welt: Vermuten – Erkennen – Anzeigen"; Beschämung und Besserungsgelöbnis der Zurückbleibenden, segnende ÜN-Hand aus Heimkehrschiffhöhe; unterwegs zweite Autobiografie überarbeitet, darin jetzt: *Eine Berliner Episode mit atlantischen Folgen – einige notwendige Anmerkungen zu mir selbst* ...

Man hält ihn, den nun vielfach maßgeblichen Mann, für befriedigt, gesättigt, vornehmlich von Realismus („erst mit mir beginnt Realpolitik"), ist er doch kaum von der – jeweils maßgeblichen – Realität zu unterscheiden. Nur wenige wissen um die ungestillten Wünsche eines Dichtergemüts. Denn wenn einer alles sagen kann, wie sollte er es da nicht *anders* sagen können (vergleiche dazu schon den Aufsatz: *Zarathustra – Nietzsches Volksausgabe seiner selbst*)? Die Dichtungen erscheinen zunächst im Esoterikerjournal *(Neptun – Zeitschrift für Denken im Zeichen des Wassermanns)*, unter Pseudonym *(Mücke des Marktes)*, es ist ein ganzer Zyklus, eröffnet vom Weltanschauungspoem *Not und Notwendigkeit des Gebrumms*, darunter der Hymnus *Weltmusik*: „Mensch – Welt – Weltmacht / Weltmacht – Weltmarkt – Weltmus"; vergleichbar Brusttonüberzeugte raunen's dem Kulturstaatsminister, Aufnahme in Lesebücher rückt näher.

Daneben reges Reisen, auf regionales Rufen hin: Gegenden mit mehr als 20 % Arbeitslosigkeit. Hier „Ursprung der praktischen Wende meines Philosophierens ... habe viel gelernt von diesen Menschen" (zitiert nach: *Warum ich wurde, wie ich bin*). Sie auch lernten von ihm! Seminare und Übungen vor Arbeitsuchern, hochbeliebt die Reihen *Selbsterfahrung – Selbstbesinnung – Selbstbehauptung: Wege zum authentischen Ich, Selbstachtung und Daseinspflicht, Mein wahres Selbst und wie ich es erfolgreich darstelle*. Wochen harter Arbeit an Arbeitslosen und Tautologien der Erlösung („Gesundes Selbstvertrauen in die eigenen Kräfte finden!"), in denen, wie nebenbei, die *Bilanz des Zeitalters* entsteht. Zunächst unbemerkt von den Überregionalen, dann mit und ohne Urhebernennung mannigfach zitiert: *Der Nietzscheaufsatz in Vergangenheit und Zukunft. Globalisierung philosophisch gestalten!* Das Land nun ohne metaphysische Ränder, Frankfurt – München – Hamburg verstummt, nur der wandelnde Mittelpunkt noch spricht. Alles hört. Neuordnung, Hinordnung, Hingebung.

Großer Mittag seines Daseins. *Platon, Kant und ich. Ein systematischer Vergleich* erscheint zum 56. des ÜN, den er quicklebendig und bei hellstem Bewusstsein zubringt, seinem Vorgänger auch darin überlegen; Zeit und Bild (Hamburg) einigen sich auf einen Korrespondenten, der vergleicht ihn mit Fichte, mit Hegel; der ÜN rückt das zurecht mit dem Aufsatz *Wie ich über Hegel historisch und systematisch hinausging (Philosophen-Jahrbuch Nr. 109*, Wiederabdruck in: *Handbuch der Individualität*).

Altdynamikertum, Übermenschenwürde. Schaffensabend, Selbstvollendung. Verwirklicht aber auch der Traum seiner Generation: sozialkritisch sein dürfen auf Staatskosten; wie, verrät eine Denkschrift: *System meiner Freiheit. Estimationsexzellenz durch Emanzipationskompetenz*, kurz: *Exzellent-kritisches Wissen*, bald *Leitbild* maßstabgetreu nachbefreiter Generationen.

Philosophische Gegner hat der ÜN schon lange nicht mehr. Ihre hellsten Köpfe – ermüdet in hermeneutischen Kämpfen: ob ÜN-Produkte als Schaum oder als Abschaum zu deuten; siegreichem Ende naht ein Rechtsstreit mit drei Spöttern, die „den Nietzschephilister" durch reine Nachrede bloßzustellen trachteten; nurmehr auszugsweise und genehmigt darf dem ÜN nachgesprochen werden.

Endlich bricht aus, was man sein Lächeln nennt, es umspielt ihm Gemüt und Lippe, die sich also öffnet: *„Hat man mich verstanden?"*

Danksagung

Die Akademie der Künste (Berlin) förderte die Arbeit an diesen Texten durch ein Alfred-Döblin-Stipendium, wofür ich herzlich danke.

Siegfried Reusch sorgte mit anderen Selbstausbeutern und -ausbeuterinnen für rasche Drucklegung – auch hierfür meinen Dank.

Schließlich ist den Protagonisten dieses Buches zu danken. Alle Passagen zwischen Anführungszeichen sind Sätze, die ich bei Philosophen so oder anders gelesen oder gehört habe. Oder auch nicht.

Berlin, Pfingsten 2006   J. G.

Zum Autor

Jürgen Große (*1963) ist promovierter Historiker und habilitierter Philosoph, er veröffentlichte Bücher zur europäischen Philosophiegeschichte und Geschichtsphilosophie. Seine essayistischen und aphoristischen Arbeiten wurden mehrfach ausgezeichnet. Seit einigen Jahren gestaltet er regelmäßig die „Aphorismenschneise" im *blauen reiter*.

Bisher erschienen die Essaybände *Aus Zeit und Geschichte* (2000), *Aus Volk und Familie* (2002), *Aus Langeweile* (2004), *Phänomenologie des Unglücks* (2007).

der blaue reiter erscheint zweimal jährlich. Folgende Ausgaben sind lieferbar:

Philosophie & Kunst

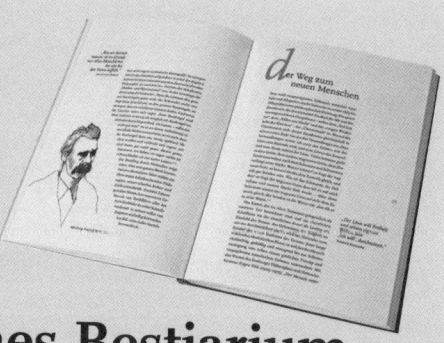